# Guide to Correspondence in French

a practical guide
to social and commercial
correspondence

# Guide de correspondance en français

**Stanley Thornes (Publishers) Ltd**

*1987 Printing*

Copyright © 1984 National Textbook Co.

This edition published 1984 by Stanley Thornes (Publishers) Ltd, Old Station Drive, Leckhampton, Cheltenham, Glos. GL53 0DN

ISBN 0 85950 232 5

Printed in the United States of America

# TABLE DES MATIÈRES

## PREFACE

GUIDE TO CORRESPONDENCE IN FRENCH was written to meet the need for a book which covers *all* aspects of correspondence in French—personal letters as well as business letters.

As well as providing a guide to correct practice, the book gives an insight into French culture not often obtained from textbooks and readers. French people are proud of their traditions and etiquette. They are naturally pleased when someone demonstrates a familiarity with modern letter-writing usage.

This manual includes model letters of many types but does not claim to teach business methods as they are practised in France (or Quebec) today. Teachers with knowledge of French business may, of course, go beyond the text and fill in the necessary information.

The text has been divided according to letter types. This approach will allow classes to concentrate on a given type of letter and to skip another that is not essential to their needs and interests. Words and expressions listed in the chapter vocabulary sections have been carefully selected for their usefulness and appropriateness to a particular letter type. Whenever students need to know the meaning of a particular word, whether introduced in the vocabulary sections or not, they will find it in the master French–English Vocabulary. When composing their own letters, students will find the English–French Vocabulary particularly useful.

# Observations sur la correspondance en français

Pour écrire une lettre en français, que ce soit[1] une lettre personnelle ou une lettre d'affaires, il faut observer quelques règles[2] sur la forme aussi bien que[3] sur le fond. La forme, c'est l'apparence de la lettre: le papier à lettres, le stylo à encre ou à bille, la couleur de l'encre, l'écriture, l'orthographe, la ponctuation et la présentation générale. Le fond, c'est cc qu'on dit au destinataire de la lettre et comment on le dit. C'est aussi l'emploi correct des formules de politesse. Naturellement, le contenu[4] de la lettre doit être clair et son ton doit être courtois,[5] tout en exprimant la sincérité des sentiments de l'auteur[6] de la lettre, comme le respect ou l'amitié, envers[7] le destinataire.

Le fond et la forme sont donc tous deux importants si l'on veut faire une bonne impression sur son correspondant. Cependant, les règles qui régissent[8] la forme pour la correspondance usuelle et pour la correspondance commerciale étant souvent différentes, la deuxième plus formelle que la première, on les examinera séparément.

Par contre, les règles sur la ponctuation, les majuscules,[9] la date et l'orthographe sont communes aux deux genres[10] de correspondance, et on les présentera ici.

## La ponctuation

| | | | |
|---|---|---|---|
| , | la virgule | ( ) | les parenthèses |
| . | le point | [ ] | les crochets |
| : | les deux points | ≪ ≫ | les guillemets |
| ; | le point-virgule | — | le tiret |
| ? | le point d'interrogation | * | l'astérisque |
| ! | le point d'exclamation | ... | les points de suspension |

La ponctuation en français est similaire à celle de l'anglais, avec ces quelques différences:

1. La virgule indique une pause de petite durée. Contrairement à l'usage en anglais, on ne sépare pas les deux derniers mots d'une énumération par une virgule, si l'on emploie la conjonction ≪et≫.

   *Femmes, enfants, vieillards[11] et invalides partirent les premiers.*

---

[1]whether it be　[2]rules　[3]as well as　[4]content　[5]courteous　[6]author

[7]toward　[8]govern　[9]capital letters　[10]types　[11]old people

2.   Les points de suspension indiquent que la pensée[1] reste incomplète ou que l'auteur du passage veut rendre[2] son lecteur rêveur.[3]

> *Il aurait pu faire ça pour moi, mais . . .*
> *Pense à tout ce que tu pourrais faire . . .*

3.   Les guillemets s'emploient au commencement et à la fin d'une citation ou d'un discours direct.

> *Comme dit le proverbe:* ≪*A bon chat, bon rat*≫*.*
> *Il m'a dit:* ≪*Viens me voir!*≫*, et j'ai pensé:* ≪*Pourquoi pas?*≫*.*

Si la phrase entre guillemets exige un signe de ponctuation, celui-ci se place avant les derniers guillemets. Si la citation ou le discours direct couvre un paragraphe entier, les guillemets se mettent au début (à l'alinéa)[4] et à la fin du paragraphe.

Les guillemets s'emploient aussi autour d'une locution étrangère et d'un mot ou d'une phrase sur laquelle on veut attirer l'attention. Lorsqu'il arrive qu'une citation, un discours direct ou une locution étrangère, se trouvent au milieu d'un passage entre guillemets, les guillemets employés pour la citation (ou autre) seront réduits à un guillemet de chaque côté (‹›).

> *Je me rappelle le* ≪*jingle*≫ *de ce produit à la télé.*
> *Nous nous demandons qui est* ≪*l'ennemi*≫*.*
> *Le Président a déclaré:* ≪*Notre pays ne peut combattre*
> ‹*l'ennemi*› *sans le voir*≫*.*

4.   Le tiret s'emploie dans un dialogue entre plusieurs interlocuteurs.[5]

> —*Il pleut, dit Alain. Tu sors quand même?*
> —*Non, répond Alice, je n'en ai pas envie.*
> —*Mais, remarque sa mère, tu as promis à Hélène d'aller avec elle*
>    *faire des courses.*

Il s'emploie aussi pour mettre en valeur un mot, une expression, une phrase, etc.

> *Il m'a fallu[6] passer des heures—un temps précieux pour moi—pour*
> *terminer ce projet pour le club.*

## Les parenthèses et les crochets

On emploie les parenthèses pour insérer dans une phrase une indication qui n'est pas indispensable au sens de la phrase, mais qui peut être utile ou intéressante au lecteur. Les crochets servent au même usage, mais plus rarement. Ils sont employés lorsqu'une phrase contient déjà des parenthèses.

---

[1]thought   [2]to make   [3]dreamy   [4]paragraph indentation   [5]speakers

[6]I had to

## L'astérisque

L'astérisque indique un renvoi[1] à une autre page ou une autre partie d'un livre. Trois astérisques après le titre d'une personne indiquent que la personne désire rester anonyme. Exemple: *Mme \*\*\**

## L'alinéa

L'alinéa marque une séparation entre les faits ou les idées d'un paragraphe et ceux du paragraphe qui suit. Il est indiqué par un intervalle en blanc au commencement de la première ligne d'un paragraphe.

## Les majuscules

Les jours de la semaine et les mois de l'année ne prennent pas de majuscules.

>*Je suis arrivée lundi dernier. C'était le 7 juillet 19___ .*

On écrit le premier mot d'un titre et l'article qui le précède avec une majuscule, mais les mots suivants prennent des minuscules.[2]

>*La Deuxième guerre mondiale*—**The Second World War**
>*Le Premier ministre*—**The Prime Minister**

Les noms propres prennent tous des majuscules, comme en anglais: *la France, les Français, les Etats-Unis, les Américains.* Mais les adjectifs de nationalité sont écrits avec une minuscule.

>*C'est une voiture française.*

# L'orthographe

Il faudra bien soigner[3] l'orthographe des mots et observer les règles d'accord[4] et de conjugaison de la langue française. On pourra consulter au besoin un dictionnaire et une grammaire de référence.

On fera également attention aux accents, car si on les oublie, on peut quelquefois commettre un impair[5] ou devenir inintelligible, comme ci-dessous. (Le mot entre parenthèses est incorrect.)

>*Tu iras où (ou) je te dirai.*—**You'll go where (or) I'll tell you.**

---

[1]cross-reference   [2]lowercase letters   [3]attend to   [4]agreement   [5]blunder

## Les accents

|   |   |   |
|---|---|---|
| ´ | l'accent aigu | *l'été* |
| ` | l'accent grave | *la règle* |
| ^ | l'accent circonflexe | *la fête* |
| ¨ | le tréma | *Noël* |
| ‚ | la cédille | *le garçon* |

Pour séparer les mots à la fin d'une ligne et au début de la ligne suivante, il suffit de suivre une règle simple: on sépare un mot, autant que possible au milieu, et par syllabe: *les Fran-çais, l'ami-tié, la for-me, les rè-gles, la sépa-ration.* Lorsque le mot contient une lettre double, on peut couper le mot entre les deux lettres: *la let-tre, l'impres-sion, l'ap-parence.* On évite d'isoler une voyelle du reste du mot: *l'écri-ture,* et non pas *l'é-criture.* De plus, on ne doit pas couper un nom de pays, un nom propre ou un nom composé (c'est-à-dire un mot composé de deux ou trois mots séparés par un trait d'union, comme *le week-end*).

## *La date*

La date se met en haut et à droite de la page. Si l'adresse de l'expéditeur n'est pas sur la lettre, il vaut mieux écrire le nom de la ville d'où on écrit: *Lyon, le 8 août 1985.* Il ne faut pas oublier d'écrire le chiffre[1] ≪un≫ comme ceci: 1 et de barrer le sept: 7.

Lorsqu'on abrège[2] la date, on l'écrit dans cet ordre: d'abord le jour (en chiffres), puis le mois et l'année—*Le 25 septembre 1986 ou 25/9/86.*

### VOCABULAIRE
#### (Observations sur la correspondance en français)

le correspondant *correspondent, pen pal*
le destinataire *addressee*
l'écriture *(f.)* *handwriting*
l'encre *(f.)* *ink*
éviter *to avoid*
l'expéditeur *(m.)* *sender*
le fond *content*
la forme *form*
la formule de politesse *letter ending, polite phrase*

la lettre d'affaires *business letter*
la lettre personnelle *personal letter*
le nom composé *compound word*
le nom propre *proper noun*
l'orthographe *(f.)* *spelling*
le papier à lettres *writing paper*
le stylo à bille *ball-point pen*
le stylo à encre *fountain pen*
le trait d'union *hyphen*

---

[1]number    [2]abbreviates

## Exercices de vocabulaire

A. Complétez les phrases suivantes avec les mots qui conviennent.
1. Il écrit les mots correctement. Il ne fait pas de fautes d'_____.
2. Oui, mais il écrit mal. Je ne peux pas lire son _____.
3. Mon _____ à bille est à sec *(dry)*. Prête-moi ton stylo à _____.
4. J'ai plusieurs _____ en France. Je leur écris souvent.
5. Je la connais très bien. Je lui écris des lettres _____.
6. Cette _____ rouge ne va pas très bien avec ce papier rose.
7. Ce que l'on dit dans une lettre est le _____ de la lettre.
8. Les Etats-Unis est un mot _____.

B. Donnez les mots qui correspondent aux définitions suivantes.
1. personne qui envoie une lettre
2. feuille sur laquelle on écrit à quelqu'un
3. comment on finit une lettre
4. texte envoyé à un commerce ou une entreprise *(firm)*
5. manière de procéder selon des règles établies
6. liquide utilisé pour écrire
7. comment on s'adresse à quelqu'un
8. personne à qui on écrit
9. nom de famille, de ville, de rivière, etc.

## Exercice d'orthographe et de ponctuation

Récrivez le paragraphe suivant, en ajoutant les accents, les majuscules et la ponctuation qui manquent.[1]

monsieur et madame rocher qui sont francais ont beaucoup d'enfants un fils et une fille de douze ans deux filles de dix et huit ans qui vont a l'ecole un garcon de cinq ans et un bebe le bebe va avoir un an le 5 juillet et ils vont tous celebrer son anniversaire mardi prochain en lui disant bon anniversaire robert et en lui faisant beaucoup de cadeaux leur mere achete tous les cadeaux au magasin pres de la maison parce que ce n'est pas tres loin et que le bebe ne reste pas tout seul tres longtemps

---

[1]are missing

# La correspondance usuelle

## *L'étiquette*

Les livres sur l'étiquette ou le savoir-vivre abondent en France. Certains font même des recommandations pour l'encre et le papier à lettres qui doivent être utilisés. Ils disent, par exemple, que l'encre doit être de préférence noire, bleue ou violette[1] mais qu'il vaut mieux qu'elle ne soit pas de la même couleur que le papier. Une encre noire sur du papier gris peut créer un très bon effet, mais l'emploi le plus courant[2] est encore l'encre bleue sur du papier blanc.

Il est aussi recommandé de soigner[3] son écriture pour qu'elle soit lisible et pour que les lignes soient aussi droites que possible. Il faut éviter les ratures, garder une marge suffisante à gauche et assez de <blanc> en haut et en bas de la page.

### Le format

Le papier à lettres personnel a quelquefois un en-tête, c'est-à-dire que le nom et l'adresse de l'expéditeur, ainsi que son numéro de téléphone sont imprimés[4] ou gravés[5] en haut de la page. Si le papier à lettres n'indique pas d'adresse, on écrit le nom de la ville où l'on habite ou d'où l'on écrit, avec la date en haut et à droite. Par exemple:

*Paris, le 1er mai 19* \_\_\_\_\_    *Montréal, le 25 septembre 19*\_\_

On écrit *le 1er,* mais *le 2, 3, 4,* etc.

On place l'appel à gauche, et on écrit la lettre en paragraphes de longueur à peu près égale.

---

[1]purple    [2]common    [3]to take care of    [4]printed    [5]engraved

## L'enveloppe

On écrit l'adresse au milieu de l'enveloppe comme ci-dessous:

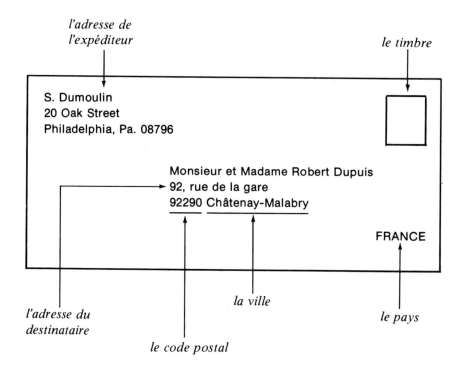

Notez que les deux premiers chiffres[1] du code postal correspondent au numéro du département (une des divisions administratives de la France), les trois autres aux numéros de la poste de la ville ou du village. Les numéros du département paraissent aussi sur les plaques d'immatriculation des voitures. Il y a 96 départements en France.

Notez également que l'enveloppe peut porter différentes mentions: *Confidentiel, Personnel, Prière de faire suivre, Par avion, Recommandé, Valeur déclarée,* selon les besoins de l'expéditeur.

---

[1]numbers

Au Québec, on écrit l'adresse de la façon suivante:

---

P. Fournier
158, avenue Montmorency
Granby (Québec)
J1B 6S4

        Monsieur Daniel Bégin
        a/s de Monsieur Lavigne
        650, boulevard Queen nord
        Windsor (Québec)
        G9S 2H6

---

Notez que la mention *a/s de (aux soins de)* correspond à la mention **c/o (care of)** en anglais. En France, on dirait plutôt *chez* **(at the home of)**. Le code postal au Canada s'écrit avec deux séries de trois chiffres et lettres combinés, séparées par un espace.

Que ce soit en France ou au Québec, les mots *rue, place, boulevard,* etc. et les points cardinaux *(nord, sud, est, ouest)* ne prennent pas de majuscule.

## VOCABULAIRE
(La correspondance usuelle)

### Noms
l'adresse *(f.)* *address*
l'avion *(m.)* *airplane*
  par avion *airmail*
l'appel *(m.)* *greeting (name of person at beginning of letter)*
le blanc *blank, space*
le code postal *zip code*
l'en-tête *(m.)* *letterhead*
l'enveloppe *(f.)* *envelope*
l'étiquette *(f.)* *rules of social behavior*
la feuille *sheet*
la ligne droite *straight line*
la marge *margin*
le pays *country*
la rature *deletion, erasure*

le timbre *stamp*
la valeur déclarée *declared value*
la ville *city, town*

### Adjectifs
confidentiel(le) *confidential*
lisible, illisible *legible, illegible*
personnel(le) *personal*
recommandé *registered (mail)*
vif, vive *loud (color)*
violet(te) *purple*

### Expressions
prière de faire suivre *please forward*
valeur déclarée *insured*

## Exercices de vocabulaire

A. Complétez les phrases suivantes avec le mot approprié.
   1. Je ne peux pas vous lire. Votre écriture est _____.
   2. Cette lettre va au Canada. Il faut l'envoyer _____.
   3. Je ne connais pas sa nouvelle adresse. —Alors, envoie ta lettre avec la mention _____.
   4. Essayez d'avoir une écriture _____.
   5. Dans quelle _____ habitez-vous?
   6. Les deux premiers chiffres du _____ indiquent le département.
   7. Je lui ai écrit une lettre _____ car je ne voulais pas que son personnel en connaisse le contenu.
   8. Je voudrais écrire à Janine. Connais-tu son _____?
   9. Cette _____ est trop petite pour mon papier à lettres.
   10. Ça coûte 40 cents de _____ pour envoyer une lettre en Europe.
   11. Paris est la capitale de quel _____?

B. Donnez les mots qui correspondent aux définitions suivantes.
   1. espace libre en haut et en bas d'une page
   2. règles sociales
   3. espace blanc à gauche du texte d'une lettre
   4. mention sur une lettre qui contient une chose précieuse
   5. nom et adresse de l'expéditeur sur le papier à lettres

# *Les formules de politesse*

Les formules pour commencer et pour terminer une lettre personnelle varient selon la personne à qui on écrit et le degré d'intimité entre les correspondants. Elles vont du style très formel au style familier. Elles sont nombreuses et interchangeables jusqu'à un certain point. En voici quelques exemples:

## A. A des gens que l'on ne connaît pas *(formel)*

*début:*  Monsieur,
   *fin:*  Croyez, Monsieur, à l'expression de ma considération distinguée.

*début:*  Madame,
   *fin:*  Je vous prie d'agréer, Madame, l'expression de mes respectueux hommages.

*début:*  Mademoiselle,
   *fin:*  Je vous prie de recevoir, Mademoiselle, l'expression respectueuse de tous mes compliments.

## B. A des gens que l'on connaît personnellement *(semi-formel)*

*début:*   Cher Monsieur,
*fin:*   Croyez, cher Monsieur, à l'expression de mes sentiments les meilleurs *(ou* les plus distingués).

*début:*   Chère Madame,
*fin:*   Je vous prie de croire, Madame, à l'expression de mes respectueux hommages.

*début:*   Chère Mademoiselle,
*fin:*   Veuillez recevoir, Mademoiselle, l'expression de tous mes compliments.

## C. A des amis ou des parents *(familier)*

*début:*   Cher ami,
*fin:*   Croyez, cher ami, à mes sentiments dévoués.

*début:*   Chère amie,
*fin:*   Recevez, chère amie, mon (notre) meilleur souvenir.

*début:*   Cher Paul, chère Marie-Hélène,
*fin:*   Recevez toutes mes amitiés.

*début:*   Ma chère Catherine,
*fin:*   Je te prie de croire à mon affectueux souvenir.

*début:*   Mon cher Jean,
*fin:*   Bien affectueusement à toi.

*début:*   Mon cher filleul,[1]
*fin:*   Reçois mes meilleurs baisers.

*début:*   Ma chère marraine,[2]
*fin:*   Je t'embrasse bien affectueusement.

*début:*   Mon cher Manuel,
*fin:*   Amitiés de ton copain.

*début:*   Ma chère Céline,
*fin:*   Gros baisers.

---

[1]godson   [2]godmother

Notez que:
1.  L'appel employé au début de la lettre (*Chère Madame, Monsieur,* etc.) est répété dans la formule de politesse de la fin de la lettre.
2.  Bien des formules de politesse sont interchangeables. Quelques-unes de ces formules, pourtant,[1] ne s'emploient que pour les femmes (*respectueux hommages,* par exemple).
3.  La formalité de la formule de politesse varie selon la position sociale du destinataire et celle de son correspondant.
4.  Si l'on écrit à une femme et que l'on ne sait pas si elle est mariée ou non, on emploie *Madame* dans l'appel.
5.  Lorsqu'on s'adresse à quelqu'un, on emploie *Monsieur, Madame, Mademoiselle* dans l'appel. Mais si on se réfère à quelqu'un dans la lettre, on emploie *Monsieur* (en toutes lettres) *Dupont* ou *Madame* (en toutes lettres) *Durand.* Si l'on se réfère à quelqu'un d'autre, on peut abréger: (en France) *M. Dubois, Mme Dupré, Mlle Duchamp*; (au Québec) *M. Dubois, $M^{me}$ Dupré, $M^{lle}$ Duchamp.*
6.  On ne doit jamais utiliser le nom de famille de quelqu'un lorsqu'on lui écrit, sauf[2] sur l'enveloppe, naturellement. Par exemple, l'appel doit toujours être: *Monsieur, Madame* ou *Mademoiselle,* et non *Monsieur Duchesne, Madame Delhorme* ou *Mademoiselle Dutilleul.*
7.  L'équivalent anglais de la plupart des formules ci-dessus suit: «Yours truly», «Yours sincerely», «Yours faithfully». La liste suivante vous permettra de comprendre le sens littéral des mots et, en même temps, les nuances employées dans les formules de politesse françaises.

## VOCABULAIRE
### (Les formules de politesse)

*Verbes*
agréer   *to accept*
croire   *to believe*
embrasser   *to kiss*
prier   *to pray*
  je vous prie de   *please*
recevoir   *to receive*

*Noms*
l'amitié   *friendship*
le baiser   *kiss*
la considération   *esteem*

l'hommage *(m.)   respect*
le souvenir   *regards, remembrance*

*Adjectifs*
dévoué   *devoted*
le (la) meilleur(e)   *best*
respectueux (-se)   *respectful*

*Adverbes*
affectueusement   *affectionately*

---

[1]however    [2]except

**Exercices de vocabulaire**

Ecrivez aux personnes suggérées ci-dessous pour une occasion de votre choix.

1. A votre ami Richard.
2. A votre tante Marie.
3. A un monsieur que vous ne connaissez pas.
4. A une dame que vous connaissez (qui n'est pas mariée).
5. A la mère d'un de vos amis.
6. A votre professeur (un monsieur).
7. A vos amis Paul et Daniel.
8. A votre amie Catherine.
9. A vos amies Anne et Julie.
10. A votre grand-mère.

# *Comment formuler des vœux*

Les formules qui suivent sont des formules de vœux pour des occasions différentes. On notera qu'en France, on envoie ses vœux de fin d'année, non pas à Noël comme en Amérique du nord, mais pendant le mois de janvier, le premier mois de l'année. A cette occasion, on écrit pour donner des nouvelles de soi-même et de la famille. On raconte ce qui s'est passé pendant l'année précédente. Au Québec, les vœux sont envoyés avant Noël pour les fêtes de Noël et du Nouvel An.

Recevez nos meilleurs vœux de santé et de bonheur pour 19＿＿＿.
Meilleurs vœux pour la nouvelle année!
Joyeux Noël et Bonne Année! (si on écrit avant Noël)
Bonne et heureuse année!
Je vous espère en excellente santé.
Je vous souhaite tout le bonheur et le succès que vous méritez.
Bon anniversaire!
Bonne fête!
Joyeuses Pâques!
Passez de bonnes fêtes de Pâques.
Bonnes vacances!
J'espère que vous passerez de bonnes vacances.
Bon voyage!
Je vous souhaite un excellent voyage en Afrique.

# VOCABULAIRE
## (Comment formuler des vœux)

le bonheur  *happiness*
espérer  *to hope*
la fête  *holiday, saint's day, name day*
heureux (-se)  *happy*
joyeux (-se)  *merry*
Noël  *Christmas*

les nouvelles  *news*
Pâques *(f. pl.)*  *Easter*
la santé  *health*
les vacances  *vacation*
le vœu (les vœux)  *wish*
le voyage  *trip, travel*

## Exercices de vocabulaire

Envoyez vos vœux aux personnes mentionnées ci-dessous pour les occasions suggérées:

1. Votre grand-père, pour son anniversaire.
2. Un ami, pour les fêtes de Noël.
3. Votre professeur, avant les vacances d'été.
4. Votre meilleure amie, pour sa fête.
5. Votre oncle, pour le Nouvel An.
6. Votre meilleur(e) ami(e), pour la nouvelle année.
7. Votre cousine, avant son départ en vacances.

# Lettres personnelles

## Introduction

Dans le chapitre qui suit, aussi bien que dans celui des lettres commerciales, vous trouverez des listes de vocabulaire qui sont présentées après un certain nombre de lettres-modèles. Vous y trouverez un grand nombre de mots que vous avez déjà rencontrés dans vos études de français, ainsi que certains mots que vous n'avez encore jamais vus. Les listes qui combinent ces deux sortes de vocabulaire sont conçues pour vous aider d'abord à comprendre les lettres-modèles, et ensuite à vous fournir un vocabulaire suffisant pour écrire vos propres[1] lettres. S'il y a d'autres mots que vous ne vous rappelez pas, référez-vous aux Vocabulaires qui se trouvent à la fin de ce livre. Si vous désirez employer des mots qui n'ont pas été présentés dans ce livre, consultez un dictionnaire français-anglais, anglais-français.

------

[1]own

## 1. L'amitié

**Lettre à un ami pour son anniversaire**

------

Paris, le _____ 19 _____

Mon cher Jacques,

    Je suis désolé de ne pas pouvoir être avec toi dimanche prochain. Alors, je t'écris pour te souhaiter un bon anniversaire et te dire que tu nous manques ici. Les copains et moi, on est allés au cinéma cet après-midi. On a parlé de toi, et ils m'ont chargé de t'envoyer leurs amitiés et leurs bons vœux. Nous espérons que tu te plais à Marseille et que tu nous écriras tes impressions.

    Je pense que tu vas célébrer tes seize ans en famille et peut-être avec tes nouveaux amis. Amuse-toi bien! A bientôt une lettre de toi.

Ton copain,

Martin

## Lettre à une cousine pour sa fête[1]

Montréal, le 24 janvier 19__

Ma chère Angèle,

En regardant le calendrier l'autre jour, j'ai vu que ce serait bientôt la fête de ma cousine préférée, le 27 janvier. C'est pourquoi je prends la plume pour t'envoyer mes affectueuses pensées à cette occasion.

Je vais aussi mettre à la poste un petit cadeau pour toi, et j'espère qu'il te fera plaisir. Maman m'a aidée à le choisir. Ici, tout le monde va bien. Comme c'est dimanche, on va tous aller dans les Laurentides.

Toute la famille se joint à moi pour te souhaiter une bonne fête.

Je t'embrasse bien affectueusement,

[1]saint's day, name day

*Pauline*

## Lettre de remerciements pour un cadeau

Québec, le 1er février 19___

Ma chère petite cousine,

Ton petit paquet et ta gentille lettre me sont bien arrivés et m'ont fait grand plaisir. C'est vraiment généreux de ta part de penser à moi pour ma fête. Je t'en remercie de tout coeur.

J'adore le bracelet! Il est très joli, et toutes mes amies m'en ont fait des compliments. Tu as eu véritablement bon goût en le choisissant.

Papa et Maman m'ont offert un magnifique stylo en or, et j'en suis ravie. Je t'écris cette lettre avec le stylo, et tu peux voir que mon écriture en est embellie.

Merci encore de ton beau cadeau. Transmets toute mon affection à tes parents, à ton oncle et à tes cousins.

Mille baisers à toi,

*angèle*

## VOCABULAIRE
(Lettres à un ami ou à un parent)

*Verbes*
aider   *to help*
s'amuser   *to enjoy oneself*
célébrer   *to celebrate*
charger   *to put in charge*
choisir   *to choose*
envoyer   *to send*
être désolé   *to be sorry*
être ravi   *to be delighted*
faire des compliments (de)   *to pay a compliment (about)*
faire plaisir   *to please*
se joindre à (quelqu'un)   *to join (someone)*
manquer à (quelqu'un)   *to miss (someone)*
   tu nous manques   *we miss you*
mettre à la poste   *to mail*
se plaire (à)   *to enjoy being (in)*
prendre la plume   *to take up the pen*
souhaiter   *to wish*

*Noms*
l'amitié *(f.)*   *friendship*
l'anniversaire *(m.)*   *birthday*
le baiser   *kiss*

le cadeau   *gift*
le calendrier   *calendar*
l'écriture *(f.)*   *handwriting*
la fête   *name day, saint's day*
le goût   *taste*
   le bon goût   *good taste*
la lettre de remerciements *(m.)*   *thank-you letter*
le paquet   *package*
la pensée   *thought*
les vœux *(m.)*   *wishes*

*Adjectifs*
cher (chère)   *dear*
embelli   *more attractive*
joli   *pretty*
même   *same*
nouveau (nouvelle)   *new*
préféré   *favorite*
prochain   *next*
ravi   *delighted*

*Expressions*
affectueusement   *affectionately*
de tout cœur   *with all my heart*
cordialement   *cordially*
en or   *golden, gold*

## Exercices

1.  Ecrivez une lettre à un(e) ami(e) pour son anniversaire ou sa fête.
2.  Ecrivez une lettre de remerciements pour un cadeau. Choisissez quelqu'un parmi vos amis ou vos parents.

## Lettre à un correspondant[1] étranger

---

Chicoutimi, le____ 19 ____

Cher correspondant,

Je m'appelle Robert Ouelet, j'ai quinze ans, et je suis canadien. J'habite une petite ville, près du lac Saint-Jean, dans la province du Québec. Il y a beaucoup de neige ici en hiver, et même au printemps.

Mon père travaille dans une fabrique de papier[2] et ma mère peint les décors du théâtre à l'université. J'ai deux frères et trois sœurs. Une de mes sœurs et un de mes frères suivent des cours à l'université. Les autres vont tous à l'école, comme moi. Je suis en quatrième et je suis un élève moyen.

J'aime beaucoup les sports: le hockey, la bicyclette et la natation. L'année prochaine, je vais faire du ski de fond avec mon frère aîné.

Raconte-moi ce que tu fais aux Etats-Unis. J'espère que nous nous entendrons bien.

Cordialement,

*Robert*

---

[1]pen pal　　[2]paper mill

## Lettre à une correspondante étrangère

---

Angers, le _____19 ____

Chère correspondante,

Je me présente: mon nom est Céline Parent, je suis française, et je viens d'avoir seize ans. Mes parents et moi, nous habitons une jolie ville historique sur la Loire. Il y a ici un vieux château qu'on peut visiter comme un musée.

Je vais au lycée et vais passer le bac dans deux ans. Mon frère jumeau, Guy, et moi, nous faisons nos devoirs ensemble. Il me fait réciter mes leçons et je l'aide aussi. C'est bien agréable.

Nous jouons souvent au tennis ensemble, ce qui est encore plus agréable. J'aime voyager et prendre des photos, mais mon frère, lui, préfère s'occuper de sa collection de timbres. Mon père a un magasin de chaussures et ma mère est couturière. Elle aime aussi faire du jardinage. L'été, nous allons en vacances à la plage, en Bretagne, où mes parents ont une petite maison.

J'aimerais faire ta connaissance aussi. Alors, écris-moi bien vite.

Bien amicalement,

*Céline*

## VOCABULAIRE
### (Lettres à des correspondants étrangers)

*Verbes*

s'entendre bien   *to get along well*
faire la connaissance de (quelqu'un)
   *to get acquainted with (someone)*
faire du jardinage   *to do gardening*
jouer au tennis   *to play tennis*
s'occuper de   *to take care of*
passer le bac (baccalauréat)
   *to take the college-qualifying exam*
passer les vacances   *to spend a vacation*
peindre   *to paint*
prendre des photos   *to take pictures*
se présenter   *to introduce oneself*
raconter   *to tell*
suivre des cours   *to take courses*
travailler   *to work*
venir de   *to have just*
voyager   *to travel*

*Noms*

la couturière   *seamstress*
le décor   *scenery*
les devoirs   *(m.)   written homework*
le frère jumeau   *twin brother*
les leçons   *(f.)   oral homework*
le magasin   *store*
la neige   *snow*
le ski de fond   *cross-country skiing*
la plage   *beach*
le timbre   *stamp*

*Adjectifs*

agréable   *pleasant*
aîné   *oldest*
étranger (-ère)   *foreign*
moyen (-ne)   *average*

*Expressions*

bien vite   *quickly*
cordialement   *cordially*
ensemble   *together*

## Exercices

1. Répondez à l'une des lettres écrites à un(e) correspondant(e) étranger (étrangère).
2. Ecrivez une lettre à un(e) correspondant(e) pour vous présenter.

## Demande de service personnel

---

Paris, le _____ 19 _____

Mon cher Jean-Pierre,

Cette lettre est difficile pour moi à écrire, mais si je ne savais pas que tu es un ami loyal et discret, je ne pourrais pas te demander ce grand service.

Il se trouve que je serai à court d'argent dans deux semaines, et que je ne sais où ni à qui emprunter la somme dont j'ai besoin. Pourrais-tu m'avancer 2 000 F pour ma dernière semaine à Paris avant les examens? Je te les rendrai aussitôt que je serai rentrée à la maison et que j'aurai gagné un peu d'argent cet été. Je dois travailler à plein temps dans un restaurant en ville et je crois que ça paie bien. Mon père m'a aussi promis une certaine somme, mais je n'ose pas la lui demander à l'avance.

Si tu peux me rendre ce service, je t'en serai éternellement reconnaissante.

Bien amicalement à toi,

Nicole

## Réponse favorable à une demande de service

---

Strasbourg, le ___19___

Ma chère Nicole,

Tu as bien fait de m'écrire pour me demander de te prêter cet argent. Je ne voudrais tout de même pas que tu te trouves sans le sou[1] à Paris au moment de tes examens. Et je ne pourrais pas t'aider si tu ne m'avais pas écrit.

Voici donc un chèque de 2 000 francs. Tu me rembourseras quand tu le pourras. Je suis en fonds en ce moment, et n'aurai sans doute pas besoin de cet argent avant la rentrée.

Bonne chance pour tes examens. On se verra pendant les vacances. En attendant, crois bien, ma chère Nicole, à toute mon amitié.

[1]penniless

*Jean-Pierre*

## Comment refuser un service

---

Paris, le___19_____

Ma chère Nicole,

Ton coup de fil m'a vraiment attristé. Il se trouve, en effet, que, pour le moment, mes affaires ne vont pas bien non plus. Je ne peux donc pas disposer de la somme que tu me demandes, si minime qu'elle soit.

Je n'ai pas voulu te donner une réponse au téléphone, mais crois bien que je regrette de ne pas pouvoir te secourir dans ce moment difficile. Pourquoi ne demandes-tu pas à ton père de t'aider? Je suis bien sûr qu'il se rendra compte qu'il faut que tu sois à Paris pour passer tes examens. Même si tu as fait des folies en dépensant ton argent, tout ce que tu risques, c'est de te faire gronder par ton père. Je le connais, ses colères ne durent pas longtemps. Alors, vas-y! Bon courage!

Excuse-moi encore de n'être pas en mesure de t'aider, et reçois, ma chère Nicole, mes sentiments bien amicaux.

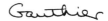

*Gauthier*

## VOCABULAIRE
(Les services)

*Verbes*
attrister   *to sadden*
avoir besoin de   *to need*
dépenser   *to spend*
durer   *to last*
emprunter   *to borrow*
être en fonds   *to have money*
— être en mesure de   *to be able to*
se faire gronder   *to get scolded*
gagner   *to earn*
oser   *to dare*
prêter   *to lend*
rembourser   *to reimburse*
rendre   *to give back*
se rendre compte   *to realize*
rendre service à   *to do (someone)*
   *a favor*
secourir   *to assist*

*Noms*
l'argent   *money*
le chèque   *check* (Br. *cheque*)
la colère   *anger*

le coup de fil   *telephone call*
les folies *(f.)*   *extravagances*
la rentrée   *start of the new school
   year*
la somme   *sum, amount of money*

*Adjectifs*
dernier (-ère)   *last*
minime   *small, paltry*
reconnaissant   *grateful*

*Expressions*
⌒ à court d'argent   *short of cash*
à plein temps   *full-time*
aussitôt que   *as soon as*
avant   *before*
bonne chance   *good luck*
donc   *therefore*
éternellement   *forever*
il se trouve que   *it happens that*
si . . . qu'elle soit   *no matter
   how . . . it is*

# 2. Les invitations

### Lettre d'invitation pour le week-end

Fontainebleau, le___19___

Mon cher Richard,

Mes parents m'ont autorisé à inviter quelques amis à passer le week-end ici dans deux semaines. Nous avons une résidence secondaire à la lisière[1] de la forêt de Fontainebleau, et c'est là que je passe les grandes vacances. On pourra faire de grandes balades dans la forêt, escalader les rochers et emporter un pique-nique pour déjeuner sur l'herbe.

Es-tu libre le week-end du 16 au 17, et aimerais-tu venir avec les copains? J'invite aussi Paul, Damien, Françoise et Jacqueline. J'espère qu'ils pourront tous venir. Les garçons coucheront dans des sacs de couchage dans ma chambre, et les filles dans la chambre de mes soeurs. Chantale est partie en camp, mais Claire sera ici. Qu'en penses-tu?

Donne-moi une réponse aussi vite que possible. Je compte sur toi. Arrangez-vous pour voyager ensemble. Si vous prenez le train, dites-moi à quelle heure vous arriverez. J'irai vous chercher à la gare.

Ton copain,

*Philippe*

¹edge

## Comment accepter une invitation

---

Paris, le___19___

Mon cher Philippe,

Je serai ravi de passer le week-end du 16 juillet chez toi, à Fontainebleau. Quelle bonne idée tu as eue là! Je me suis arrangé avec Paul et Jacqueline pour voyager avec eux. Le père de Paul nous emmènera en voiture et je pense qu'on arrivera vers trois heures.

J'attends le week-end avec impatience. Merci de ton invitation et j'en remercie ta mère plus particulièrement. A bientôt donc!

*Richard*

## Comment refuser une invitation

---

Paris, le___19___

Mon cher Philippe,

Je te remercie beaucoup de ton invitation pour le 16 et le 17. J'aimerais bien pouvoir accepter, mais, malheureusement, je suis déjà prise ce dimanche-là. Ma tante arrive du Canada et elle va rester chez nous pendant une semaine. Je dois aller la chercher à l'aéroport, et mes parents ont fait des projets pour dimanche.

*(Tournez à la page suivante.)*

Je regrette de manquer le pique-nique, mais j'espère que l'occasion se présentera à nouveau cet été. C'est tellement sympathique quand on peut se rencontrer entre copains pendant les grandes vacances!

J'ai parlé avec Damien, et je sais qu'il ira à Fontainebleau par le train. Il m'a dit qu'il arriverait à 14 h. 30. Amusez-vous bien!

Toutes mes amitiés,

*Françoise*

## VOCABULAIRE
### (Les invitations)

### Verbes

aller chercher (quelqu'un) *to go and get (someone)*
s'arranger pour *to find a way*
attendre *to wait, expect*
autoriser *to authorize*
compter sur (quelqu'un) *to count on (someone)*
coucher *to sleep in*
devoir *must*
* faire des balades *to go for a walk*
emmener (quelqu'un) *to take (someone)*
emporter (quelque chose) *to take (something)*
escalader *to climb*
* être pris *to be busy*
passer le week-end *to spend the weekend*
pleuvoir *to rain*
remercier *to thank*
se rencontrer *to meet*
rester *to stay*

### Noms

la chambre *bedroom*
la forêt *forest*
la gare *railroad station*
l'herbe *grass*
le pique-nique *picnic*
la résidence secondaire *country house*
le rocher *boulder*
le sac de couchage *sleeping bag*
les vacances (f.) *vacation*
　les grandes vacances *summer vacation*
le voyage *trip, travel*

### Adjectifs

formidable *great, fantastic*
libre *free*
quelques *a few, some*
sympathique *nice, likable*

### Expressions

à nouveau *again*
aussi vite que possible *as soon as possible*
bien amicalement *kindest regards*
ça (te) va *it's OK (with you)*
malheureusement *unfortunately*
pendant *for, during*

## Exercices

1. Invitez un(e) ou plusieurs ami(e)s à venir chez vous.
2. Répondez à une invitation (la vôtre, si vous voulez) en l'acceptant ou en expliquant pourquoi vous ne pouvez pas l'accepter.

# 3. Les vœux

## Vœux de Nouvel An (à un adulte)

---

Lyon, le____19____

Mon cher grand-père,

Voilà déjà six mois que je ne t'ai pas vu, et j'aimerais bien te rendre visite au début de cette nouvelle année. Malheureusement, je suis très prise par mes études et ne peux pas me déplacer en ce moment.

Donc, je t'écris pour te souhaiter une bonne et heureuse année et une bonne santé. J'espère que cette année t'apportera beaucoup de bonheur, avec tes petits-enfants autour de toi aussi souvent que possible, pour que tu ne te sentes pas trop seul. Est-ce que tu joues toujours aux boules? C'est un bon exercice pour toi, je crois.

Porte-toi bien, et donne-nous de tes nouvelles. Comme tu le sais sans doute, nous allons tous venir te voir à Pâques.

Bien affectueusement,

Michèle

## Vœux de Nouvel An (à une jeune personne)

---

Nice, le____19____

Ma chère Michèle,

J'ai été très heureux de recevoir tes bons vœux de Nouvel An, et je t'en remercie vivement. J'ai toujours plaisir à savoir que tu t'inquiètes de ma santé, qui est, du reste, très bonne en ce moment.

Comme d'habitude, je fais du footing tous les jours dans le parc, et je joue souvent aux boules. Je vais aussi quelquefois à la pêche le dimanche avec un vieux monsieur que j'ai rencontré récemment. Il a un petit bateau et nous allons pêcher dans les endroits tranquilles du port.

Ma nouvelle femme de ménage est aux petits soins pour moi. Elle me cuisine de bons petits plats et me rappelle de prendre mes médicaments.

Je lis aussi des livres sur la politique. J'aimerais en discuter avec ma petite-fille, qui est si savante en sciences politiques. Peut-être à Pâques, puisque tu vas venir voir ton vieux grand-père qui t'aime bien.

*Grand-papa*

## Vœux de rétablissement

---

Mon vieux Pierre,

Ma mère vient de me dire que tu as eu un accident de voiture il y a quelques jours et que tu as le bras cassé. J'ai été vraiment bouleversée de te savoir à l'hôpital de Toulouse, et je voulais te dire combien je suis désolée pour toi. J'espère que tu ne souffres plus, maintenant que ton bras est dans le plâtre.

Je voudrais bien aller te voir à l'hôpital, mais Maman dit que c'est trop loin et que tu vas rentrer dans environ une semaine de toutes façons. C'est pour ça que je t'écris pour te distraire un peu.

J'espère que la nourriture n'est pas trop mauvaise à l'hôpital, et que tu ne t'ennuies pas trop.

Bien à toi,

*Suzie*

# VOCABULAIRE
## (Les vœux)

### Verbes
aller à la pêche  *to go fishing*
aller pêcher  *to go fishing*
apporter  *to bring*
bouleverser  *to distress*
comprendre  *to understand*
cuisiner  *to cook*
se déplacer  *to move around, travel*
discuter  *to discuss*
distraire  *to entertain*
s'ennuyer  *to be bored*
— être aux petits soins  *to lavish attention*
faire du footing  *to go jogging*
s'inquiéter de  *to worry about*
jouer aux boules  *to bowl (French bowling)*
lire  *to read*
se porter bien  *to be well*
rendre visite  *to pay a visit*
rentrer  *to go back home*
se sentir  *to feel*
souffrir  *to hurt, suffer*

### Noms
le bateau  *boat*
le bonheur  *happiness*
le bras  *arm*
le début  *beginning*
les études *(f.)*  *studies*
la femme de ménage  *maid*
la nourriture  *food*
le plat  *dish (food)*
les bons petits plats  *succulent dishes*
le plâtre  *cast*
le port  *harbor*
le rétablissement  *recovery*
la santé  *health*

### Adjectifs
cassé  *broken*
heureux (-se)  *happy*
mauvais  *bad*
savant  *learned*
seul  *alone*
tranquille  *quiet*
vieux, vieille  *old*

### Expressions
autour de  *around*
de toutes façons  *in any case*
environ  *about*
loin  *far*
pour que  *so that*
quelquefois  *sometimes*
récemment  *recently*
toujours  *always*
tous les jours  *every day*
sans doute  *probably*
vivement  *greatly*

## Exercices

1. Ecrivez une lettre de Nouvel An à un(e) cousin(e) ou un(e) ami(e).
2. Ecrivez une lettre à quelqu'un qui est malade.

# 4. *Le Courrier du Cœur*

## Lettre d'une jeune fille au Courrier du Cœur

---

Chère Mélanie,

J'ai seize ans et je sors avec un jeune homme bien plus âgé que moi. Il est très gentil et affectueux, et nous nous entendons bien. Mais il voudrait que je me maquille et que je m'habille comme une jeune fille de son âge. Personnellement, je n'aime pas le maquillage. Je me mets du rouge à lèvres et je m'épile les sourcils, mais c'est tout. Je ne veux pas ressembler à une minette!

Dites-moi, s'il vous plaît, ce que je peux faire pour convaincre mon ami que j'ai raison.

Je vous remercie à l'avance de vos conseils.

                                                    Prudence

## Réponse du Courrier du Cœur

---

Chère Prudence,

Tu as bien raison d'être prudente. Si ce jeune homme ne t'accepte pas telle que tu es, c'est peut-être que ses sentiments ne sont pas très profonds. Explique-lui que tu es encore bien jeune, que tu veux garder la fraîcheur de ton teint, et que tu te sens bien comme cela.

Il n'y a pas de raison que tu gâches les meilleures années de ta vie, simplement pour faire plaisir à un jeune homme qui semble, de toutes façons, préférer la compagnie de jeunes filles un peu plus sophistiquées que toi.

Profite d'abord de ta jeunesse. Tu as tout le temps de trouver quelqu'un qui saura t'apprécier pour toi-même et pour ta beauté naturelle.

Bonne chance!

Mélanie

## Lettre d'un jeune homme au Courrier du Cœur

Chère Mélanie,

Mon amie Hélène est constamment en retard, et je ne sais pas comment la guérir de cette mauvaise habitude. Dimanche dernier, par exemple, elle est encore arrivée avec trois quarts d'heure de retard, et tous les copains et moi, nous avons dû l'attendre dans la rue, avant de partir pour une balade en vélo. Nous étions tous énervés, et les filles étaient furieuses. Quand Hélène est arrivée, elles le lui ont bien fait sentir, mais les garçons lui ont fait fête. Elle était très enjouée et très jolie, aussi elle n'a pas fait attention aux remarques de ses copines et elle ne s'est même pas excusée. Par contre, elle s'est mise à flirter avec Gérard qui lui faisait des avances!

Plus tard, elle est revenue vers moi, mais j'étais dégoûté de son attitude, et ma journée en a été gâchée.

Conseillez-moi, je vous en prie, car sa conduite m'embarrasse souvent et me fait de la peine.

Recevez, chère Mélanie, l'assurance de mes sentiments reconnaissants.

Ecœuré

**Réponse du Courrier du Cœur**

---

Cher Ecœuré,

Il est évident que tu as des problèmes, méme s'ils ne sont pas tous de la faute d'Hélène. Cette jeune fille semble compter sur son charme pour se faire pardonner ses défauts, et les garçons qu'elle rencontre semblent encourager sa conduite. Toi-même tu n'es pas insensible à ses grâces, et naturellement, tu en souffres.

Lui as-tu fait des remontrances sur sa conduite? Se rend-elle compte qu'elle te fait de la peine? Son attitude légère m'en fait douter. Pourquoi ne pas lui dire les choses comme tu les ressens? Si elle a la moindre affection pour toi, elle essaiera de changer. Sinon, tu auras deux choix: ou bien tu devras la quitter et chercher une autre jeune fille plus sensible qu'elle aux sentiments des autres; ou bien, si tu l'aimes à ce point, tu devras l'accepter telle qu'elle est, tout en essayant gentiment d'éveiller[1] sa sensibilité.

De toutes façons, je te souhaite beaucoup de bonheur avec celle que tu choisiras.

Mélanie

---

[1]to arouse

# VOCABULAIRE
## (Le Courrier du Cœur)

### Verbes

avoir raison *to be right*

conseiller *to give advice*

convaincre *to convince*

devoir *to have to*

s'épiler *to pluck one's hair*

être en retard *to be late*

faire attention *to pay attention*

faire des avances (à quelqu'un) *to make overtures (to someone)*

faire fête *to give (someone) a warm welcome*

faire de la peine à (quelqu'un) *to hurt (someone)*

faire des remontrances (à quelqu'un) *to reprove, reprimand*

faire sentir *to make (someone) feel*

gâcher *to spoil*

garder *to keep*

guérir *to cure*

s'habiller *to dress, wear clothes*

se maquiller *to put on makeup*

se mettre (quelque chose) *to put (something) on*

profiter de *to take advantage of*

sembler *to seem*

se sentir bien *to feel good*

sortir *to go out, date*

### Noms

la beauté *beauty*

le choix *choice*

la conduite *behavior*

le conseil *advice*

le défaut *defect, shortcoming*

la faute *fault*

la fraîcheur *freshness*

l'habitude (f.) *habit*

la jeunesse *youth*

le maquillage *makeup*

le rouge à lèvres *lipstick*

le sentiment *feeling*

le sourcil *eyebrow*

le teint *complexion*

la vie *life*

### Adjectifs

âgé *old*

dégoûté *disgusted*

dernier (-ère) *last*

écoeuré *nauseated, disgusted*

énervé *irritated*

enjoué *playful*

furieux (-se) *furious*

jeune *young*

léger (-ère) *thoughtless*

meilleur *best*

moindre *least*

profond *deep*

sensible, insensible *sensitive, insensitive*

sophistiqué *affected*

### Expressions

à ce point *to this degree*

ou bien . . . ou bien *either . . . or*

par contre *on the other hand*

personnellement *personally*

plus tard *later*

simplement *simply*

tel(le) que *as*

vers *toward*

## Exercices

1. Ecrivez une réponse à l'une ou l'autre des lettres envoyées au Courrier du Coeur.
2. Ecrivez une lettre (imaginaire ou réelle) au Courrier du Coeur.

# 5. *La vie étudiante*

**Félicitations à un ami pour sa réussite dans ses études**

---

Montpellier, le____ 19____

Mon cher Christophe,

Te voilà donc bachelier! Tu dois être content et te sentir soulagé! Je te félicite, car ce n'était pas un examen facile cette année, d'après ce que j'ai entendu dire. Comment s'est passé l'oral? Est-ce que les professeurs étaient durs?

J'espère que tu me raconteras tout ça quand on se verra à Paris. C'est toujours d'accord, n'est-ce pas? Le 14 juillet? Jean et Henri-Michel y sont déjà. On va bien s'amuser!

Pour le moment, je suis en vacances chez une tante près d'ici. Ma première année de fac s'est assez bien terminée. L'université est assez calme. On chahute bien les profs[1] de temps en temps, mais il n'y a pas de manifs.[2]

A bientôt,
Ton vieux copain,

*Jean - Claude*

---

[1]short for *professeur*   [2]short for *manifestations*

## Félicitations à une amie pour sa réussite dans ses études

Antibes, le____ 19____

Ma chère Marie-Hélène,

Je viens d'apprendre que tu as passé le concours de Sciences-Po[1] avec succès. Je t'en félicite! Je sais que ce n'est pas facile d'entrer dans cette Grande Ecole. Tu as dû travailler dur pendant l'été.

Et voilà la rentrée qui est déjà là! Je retourne demain à Besançon, après avoir passé un mois sur la Côte d'Azur.[2] J'aime bien les études d'anglais et de russe que je fais à l'université de Besançon. Le lab est bien équipé et je rencontre des gens d'un peu partout dans le monde.

J'espère que tu me donneras bientôt de tes nouvelles et que tu me diras quels sont tes projets d'avenir. Travaille bien à Sciences-Po, mais pas trop!

Je t'embrasse bien
affectueusement,

*Pierre*

_____

[1]*Sciences-Politiques*   [2]Riviera

## Demande d'inscription à une université

Boston, le____ 19____

Ambassade de France
Services Culturels
972 Fifth Avenue
New York, N.Y. 10021

Monsieur ou Madame,

Je vous serais reconnaissante de bien vouloir m'envoyer un formulaire de
· demande d'admission préalable dans une université en France.

Je vais terminer ma deuxième année à Boston University, College of Liberal Arts, le printemps prochain, et désire entrer dans une université française pour parfaire mes connaissances en littérature française.

*(Tournez à la page suivante.)*

Veuillez bien envoyer ce formulaire à l'adresse suivante:

> Pearl Smith
> 102 Massachusetts Avenue
> Boston, Mass. 02106

Avec mes remerciements anticipés, veuillez agréer, Monsieur ou Madame, l'expression de mes sentiments distingués.

*Pearl Smith*

## Réponse à une demande de formulaire

New York, le＿＿ 19＿＿

Mademoiselle,

Nous vous envoyons ci-joint un formulaire de demande d'admission préalable dans une université en France.

Veuillez nous renvoyer ce formulaire dûment rempli avant le 1er février, et avec les pièces suivantes:

—une photocopie de la traduction des notes que vous avez obtenues dans votre université au cours des deux dernières années
—un acte de naissance avec sa traduction en français
—5 coupons-réponses internationaux
—2 enveloppes portant l'adresse où vous seront adressées toutes les indications relatives à votre admission.

Rappelez-vous que vous devrez obtenir un permis de séjour d'un minimum d'un an.

En vous souhaitant bonne réception de la pièce jointe, nous vous prions de recevoir, Mademoiselle, nos meilleurs voeux de réussite.

*Ane*

Ambassade de France
Services culturels

p.j.[1] demande d'admission
préalable à l'université

———

[1]*pièces jointes* (enclosures)

# VOCABULAIRE
(La vie étudiante)

## Verbes

s'amuser   *to have fun, a good time*
chahuter   *to create an uproar*
entendre dire que   *to hear it said that*
faire parvenir   *to send*
féliciter   *to congratulate*
obtenir   *to obtain*
parfaire   *to perfect*
se passer   *to take place*
porter   *to carry, bear*
se rappeler   *to remember*
renvoyer   *to send back*
se sentir soulagé   *to feel relieved*
terminer   *to finish*

## Noms

l'acte *(m.)* de naissance   *birth certificate*
l'avenir *(m.)*   *future*
le bachelier   *person who has passed the baccalauréat*
le concours   *competitive exam*
la connaissance   *knowledge*
le coupon-réponse   *reply coupon*
la fac (faculté)   *faculty (part of a university)*
les félicitations *(f.)*   *congratulations*
le formulaire   *form*

la Grande Ecole   *prestigious state-run school of university level*
l'indication *(f.)*   *information*
la manif (manifestation)   *demonstration*
la note   *grade*
le permis de séjour   *residence permit*
la pièce   *paper, document*
la réussite   *success*
la traduction   *translation*

## Adjectifs

content   *glad*
dur   *hard*
facile   *easy*
préalable   *preliminary*
rempli   *filled*
suivant   *following*

## Expressions

au cours de   *during*
car   *since*
d'accord   *OK, agreed*
d'après   *according to*
de temps en temps   *from time to time*
dûment   *duly*
n'est-ce pas?   *isn't it?*
partout   *everywhere*
trop   *too much*
vraiment   *really*

## Exercices

1. Ecrivez une lettre pour féliciter un(e) ami(e) d'avoir réussi à un examen.
2. Faites la traduction de votre acte de naissance.
3. Ecrivez une lettre pour demander un formulaire de demande d'admission préalable dans une université en France.

# 6. *Le monde du travail*

## Une offre d'emploi au pair

---

Famille française trois enfants cinq à douze ans cherche jeune fille parlant anglais travail au pair pour grandes vacances en Normandie petits travaux ménagers écrire Mme Poupon, Agence Duchesse, 212, avenue Poincaré 75015 Paris

## Réponse à une offre d'emploi au pair

---

Trois-Rivières, le___19__

Madame,

En réponse à votre offre d'emploi parue dans le Figaro du 15 avril, je vous écris pour vous offrir mes services au pair pour l'été.

J'ai dix-huit ans, je suis canadienne et je parle anglais. J'aimerais beaucoup passer l'été en France, et, comme j'adore les enfants, j'ai trouvé votre proposition très intéressante.

Je vous serais reconnaissante de bien vouloir me préciser quelles seraient mes obligations envers les enfants et mes heures de loisir. J'aimerais aussi savoir à quelle distance de Paris se trouve votre maison de campagne. Je pourrais arriver en France à la fin du mois de juin et rester avec vous jusqu'à fin août. J'ai l'intention de passer une semaine à Paris au début de septembre, avant de retourner au Canada.

Si vous désirez des références, je me ferai un plaisir de vous en envoyer. Je vous prie de recevoir, Madame, mes sentiments dévoués.

*Monique Tremblay*

## Félicitations à un ami pour son avancement

Mon cher Vincent,

Mon patron m'a dit hier que tu avais été promu au poste de chef du service d'études à Saint-Gobain. J'en suis enchanté pour toi et te félicite de cet avancement, que tu mérites bien, d'ailleurs. Tu trouveras tes collègues de l'usine de Saint-Gobain compétents, travailleurs et ambitieux. Je les ai bien connus lorsque j'y ai fait un stage il y a deux ans.

Je suis persuadé que tu te feras une excellente situation dans notre entreprise. J'ai toujours admiré tes qualités de chercheur, ainsi que tes dons de créativité.

Je te fais encore tous mes compliments et t'envoie mes meilleurs souhaits de réussite pour ton avenir.

Bien à toi,

*Patrick*

## Félicitations à une amie pour sa nouvelle situation

Ma chère Anne-Marie,

Je t'écris pour te dire combien je suis heureuse pour toi que tu aies réussi à trouver une autre situation. Ton ancienne position n'était vraiment plus tenable, et tu avais bien raison de t'en plaindre.

C'est Madame Prévost qui m'a renseignée sur ce changement dans ta vie professionnelle, quand je l'ai rencontrée l'autre jour à la bibliothèque. Son mari va donc être ton patron. Tu ne pourras que t'en féliciter. Je le connais comme un homme probe, juste et sympathique. Ta position de chef du service des ventes t'ouvrira d'autres portes dans cette entreprise, et je suis sûre que M. Prévost ne fera pas obstacle à ton avancement, comme on le faisait dans ton ancienne maison.

Bonne chance, donc, ma chère Anne-Marie, dans ton nouvel emploi. J'espère te rencontrer bientôt pour fêter ton changement de situation.

Ta fidèle amie,

*Simone*

# VOCABULAIRE
## (Le monde du travail)

*Verbes*

faire obstacle à   *to hinder (something)*
se faire un plaisir de   *to be happy to*
se féliciter de   *to be very pleased*
maintenir   *to keep, maintain*
mériter   *to deserve*
se plaindre de   *to complain about*
préciser   *to specify*
promouvoir   *to promote*
renseigner   *to inform*
retourner (à)   *to go back (to)*
travailler au pair   *to work in exchange*

*Noms*

l'avancement *(m.)*   *promotion*
la bibliothèque   *library*
le chef de service   *department head*
le chercheur   *researcher*
le collègue   *colleague*
le don   *gift*
l'employé(e)   *employee*
l'entreprise *(f.)*   *firm*
le loisir   *leisure time*
la maison de campagne   *country home*
le mari   *husband*
les obligations *(f.)*   *duty*
l'offre *(f.)* d'emploi   *help-wanted ad* (Br. *positions vacant advertisement*)

le patron   *boss*
le poste   *position*
la proposition   *offer*
le service d'études   *research department*
le service des ventes   *sales department*
la situation   *job, career*
le stage   *training period*
les travaux *(m.)* ménagers   *housework*
l'usine *(f.)*   *factory*

*Adjectifs*

ambitieux (-se)   *ambitious*
ancien(ne)   *former*
enchanté   *delighted*
fidèle   *faithful*
paru   *published*
probe   *upright, honest*
reconnaissant   *grateful*
tenable   *bearable*
travailleur (-se)   *hardworking*

*Expressions*

bientôt   *soon*
comme   *as*
d'ailleurs   *in any case*
envers   *toward*
il y a   *ago*
lorsque   *when*
ne . . . que   *only*

## Exercices

1.  Ecrivez une lettre pour demander un travail au pair.
2.  Ecrivez une lettre de félicitations à quelqu'un pour le/la féliciter de son avancement ou de sa nouvelle situation.

# 7. *Les grands moments de la vie*

## Lettre annonçant des fiançailles

---

Ma chère Isabelle,

Je ne peux pas attendre plus longtemps pour t'annoncer la grande nouvelle. Peut-être t'y attends-tu, puisque je t'ai parlé de lui quelquefois. Mais je ne t'ai pas dit que je voyais très souvent ce garçon ces dernières semaines. Pour te  dire la vérité, on se voyait tous les jours.

Il s'appelle Michel Jobert, et nous venons de nous fiancer. Je suis très, très heureuse, ma chérie, et j'espère que tu ne m'en voudras pas de ne pas t'en avoir parlé à coeur ouvert auparavant. Il est vrai que nous ne nous connaissons que depuis deux mois et que je n'étais pas sûre de ses sentiments jusqu'à hier soir, quand il s'est déclaré.

Il a vingt-cinq ans, il est grand, beau, élégant et intelligent. Nous avons beaucoup de choses en commun: il aime voyager et jouer au tennis, il adore les enfants et a beaucoup d'amis. Nous lisons les mêmes sortes de livres: biographies, romans historiques, etc. Tu verras! Je crois que, toi aussi, tu l'aimeras bien.

*(Tournez à la page suivante.)*

Comme tu t'en doutes, nous n'avons pas encore fixé la date du mariage. Papa et Maman, à qui j'ai annoncé la nouvelle hier soir en rentrant, m'ont dit, comme tous les parents en pareille circonstance, qu'il valait mieux ne pas nous presser. Quelque soit la date, naturellement, tu seras la première à être invitée.

J'espère qu'un jour, tu connaîtras le même bonheur que moi en ce moment. J'aimerais pouvoir te raconter tout ça de vive voix. A quand ta prochaine visite?

Je t'embrasse avec toute mon affection,

*Marie-Thérèse*

## Lettre de félicitations à un ami pour ses fiançailles

Mon cher vieux,

*see p. 44*

Tu es vraiment cachottier, mais je ne t'en veux pas! J'en aurais sans doute fait autant si j'étais toi! En tous cas, la nouvelle de tes fiançailles avec Dominique Lefèbvre m'a renversé, car je ne te croyais pas si amoureux d'elle. Mais je te fais tous mes compliments pour ton choix. Je la connais peu, mais les quelques fois que je l'ai rencontrée, Dominique m'a parue très jolie, d'une intelligence fine et d'une allure distinguée. J'espère que vous serez très heureux tous les deux. A quand la date du mariage? Je serais, bien entendu, ravi d'y assister. As-tu choisi tes témoins?

J'espère qu'on se verra bientôt, et que tu me raconteras tes projets d'avenir.

Toute mon amitié,

*Alain*

## Faire-part et invitation à un mariage

---

### Faire-Part

Madame Paul Verdier,
le Lieutenant-Colonel Claude Verdier, Chevalier
de la Légion d'Honneur,[1] et Madame Claude Verdier
ont l'honneur de vous faire part du mariage
de Mademoiselle Brigitte Verdier, Diplômée
d'Etudes Supérieures de Sciences Economiques,
leur petite-fille et fille, avec Monsieur Jacques Vidal,
Licencié en Droit,[2] Diplômé de l'Ecole de Sciences Politiques
et vous prient d'assister ou de vous unir d'intention
à la messe[3] au cours de laquelle[4] ils se donneront
le Sacrement de Mariage, le samedi 20 septembre 19____
à 15 heures, en l'Eglise Saint-Etienne-du-Mont,
place Sainte-Geneviève, Paris Ve

7 Cité Vaneau
Paris VIIe

---

[1]Chevalier of the Legion of Honor    [2]Master of Law    [3]mass    [4]during which

Monsieur Auguste Maréchal,
Monsieur Henri Vidal, ancien élève de l'Ecole
Polytechnique, et Madame Henri Vidal
ont l'honneur de vous faire part du mariage
de Monsieur Jacques Vidal, Licencié en Droit,
Diplômé de l'Ecole de Sciences Politiques,
leur petit-fils et fils,
avec Mademoiselle Brigitte Verdier,
Diplômée d'Etudes Supérieures de Sciences Economiques,
et vous prient d'assister ou de vous unir d'intention
à la messe au cours de laquelle ils se donneront
le Sacrement de Mariage, le samedi 20 septembre 19____
à 15 heures, en l'Eglise Saint-Etienne-du-Mont,
place Sainte-Geneviève, Paris Ve

14 avenue Rapp
Paris XVIe

### Invitation

Madame Claude Verdier
et
Madame Henri Vidal
recevront après la cérémonie religieuse
à la Rotonde Gabriel
Ecole Militaire—1, Place Joffre, Paris VIIe

7 Cité Vaneau
Paris VIIe
14 avenue Rapp
Paris XVIe

## Réponse affirmative à une invitation

Chers Madame et Monsieur,

Mon mari et moi acceptons avec le plus grand plaisir votre invitation au mariage de votre fille Brigitte et à la réception qui suivra. Je saisis du reste cette occasion pour vous adresser à tous deux nos plus vives félicitations pour cette heureuse union. Nous souhaitons le plus grand bonheur aux futurs époux.

Nous nous réjouissons également de vous revoir à cette occasion et vous prions de croire, chers Madame et Monsieur, à nos sentiments les plus amicaux.

*Denise Gagnon*

## Réponse affirmative à une invitation

---

Mon cher Jean,

Ton invitation vient de m'arriver et je suis ravi de pouvoir te dire que je me rendrai à la réception à l'occasion de ton mariage. Je me réjouis de vous revoir, toi et Jacqueline, à cette occasion, et de te redire toute mon amitié et mon admiration.

Meilleurs vœux de bonheur de

Ton ami,

*Jacques*

## Réponse négative à une invitation à un mariage

---

Ma chère Brigitte,

Je te remercie de ta gentille invitation à la réception à l'occasion de ton mariage. Je me faisais une fête d'y assister, comme je te l'avais dit il y a quelque temps. Malheureusement, la date de la cérémonie coïncide avec celle du vingt-cinquième anniversaire de mariage de mes parents. Je serai donc en Bretagne[1] à ce moment-là et ne pourrai me joindre à toi que par la pensée.

Je voudrais que tu saches, pourtant, combien je regrette ce malencontreux empêchement, mais mes parents comptent sur moi. Je les aime bien et ne voudrais pas les désappointer. Alors, je souhaite que le plus beau jour de ta vie se passe comme un rêve, avec le beau temps, et que tous tes invités ne se décommandent pas comme moi.

Toutes mes amitiés,

*Bernadette*

---
[1]Brittany

## VOCABULAIRE
(Les mariages)

*Verbes*

assister à   *to attend*

s'attendre à (quelque chose)
   *to expect (something)*

se connaître   *to know one another*

se déclarer   *to make a declaration of one's love*

se décommander   *to cancel an appointment*

être amoureux (-se)   *to be in love with*

être renversé   *to be flabbergasted*

se fiancer   *to get engaged*

paraître   *to appear, seem*

se presser   *to hurry*

recevoir   *to entertain*

se réjouir de   *to rejoice in*

se rendre à   *to go to*

revoir   *to see again*

saisir   *to seize*

tenir de   *to take after*

s'unir à   *to join with*

valoir mieux   *to be better*

en vouloir à (quelqu'un)   *to be annoyed with (someone)*

*Noms*

l'allure *(f.)*   *bearing*

l'anniversaire *(m.)* de mariage
   *wedding anniversary*

l'empêchement *(m.)*   *hitch*

l'époux, l'épouse   *spouse*

le faire-part   *announcement*

les fiançailles *(f.)*   *engagement*

la fois   *time*

le mariage   *wedding*

le rêve   *dream*

le roman   *novel*

le témoin   *best man, witness*

la vérité   *truth*

*Adjectifs*

beau   *handsome*

cachottier (-ère)   *secretive*

distingué   *distinguished*

élégant   *smart-looking*

fin   *refined*

grand   *tall*

malencontreux (-se)   *unfortunate*

pareil(le)   *similar*

*Expressions*

à cœur ouvert   *heart-to-heart*

autant   *as much*

depuis   *for*

de vive voix   *in person*

naturellement   *naturally*

puisque   *since*

quelque soit   *whatever*

## Exercices

1.   Ecrivez une lettre pour complimenter quelqu'un sur ses fiançailles.
2.   Ecrivez une lettre pour accepter ou refuser une invitation à un mariage.

## Faire-part de naissance

---

Monsieur et Madame Jacques Bouchard
ont la joie de vous annoncer
la naissance de leur fille
MAGALI

Le 20 novembre 1984

289 rue Grande
77300 Fontainebleau

## Félicitations pour une naissance

---

Mon cher Jacques,

Je n'arrive pas à¹ t'imaginer père de famille, mais j'espère que, pour que j'y croie, tu m'enverras bientôt une photo de la petite Magali dans tes bras. De qui tient-elle? De sa jolie maman ou de son papa? Est-elle brune ou blonde?

Je vous envoie mes chaleureuses félicitations et mes meilleurs voeux de bonheur à tous trois. J'espère que ta charmante femme est bien remise et que vous êtes tous trois réunis à la maison.

Merci de m'avoir envoyé le faire-part de naissance de Magali. A quelle date avez-vous prévu son baptême? Puisque je dois être son parrain, j'ai déjà l'impression de faire partie de ta petite famille, et tu m'en vois comblé.

Bien à toi,

Charles-Henri

---

¹I can't

**Faire-part de décès**

---

Monsieur et Madame Marcel Perrault, et leurs enfants;
Monsieur et Madame André Chaban, leurs enfants et petits-enfants;
Le Révérend Père Charles Dupuis, S.J.[1]
ont la douleur de vous faire part du décès de

Madame Jean Perrault
Née Alice Boisvin

leur mère, grand-mère et arrière-grand-mère,
rappelée à Dieu[2] le 5 mars 1984 à Varennes, à l'âge de 71 ans.
La Cérémonie Religieuse et l'Inhumation[3] ont eu lieu
le 5 mars 1984 dans l'intimité.[4]

20, rue Saint-Jacques Paris Ve
12, place Bellecour   Lyon IIe

---

[1]*Société de Jésus*    [2]recalled to God    [3]burial    [4]privacy

**Lettre de condoléances**

---

Ma chère Pauline,

C'est avec une pénible surprise que nous avons appris le coup dont vous venez d'être frappés. Nous avons encore rencontré votre mère il y a deux mois, et elle nous avait paru en bonne santé. Nous la connaissions assez pour apprécier son esprit et sa grande bonté envers tous, spécialement sa famille.

Croyez que nous prenons part très sincèrement à votre grand chagrin, et recevez, ma chère Pauline, l'expression de nos sentiments attristés et de notre fidèle sympathie.

*Colette*

# VOCABULAIRE

## (Naissances et décès)

*Verbes*

avoir la douleur de   *to have the sorrow to*

avoir la joie   *to have the pleasure*

avoir lieu   *to take place*

faire part   *to announce*

faire partie de   *to be part of*

frapper   *to strike*

prendre part à   *to take part in*

prévoir   *to foresee*

tenir de (quelqu'un)   *to take after (someone)*

*Noms*

l'arrière-grand-mère   *great grandmother*

le baptême   *baptism*

la bonté   *goodness, kindness*

le chagrin   *grief*

le coup   *shock*

le décès   *death*

l'esprit   *wit, spirit*

la naissance   *birth*

le parrain (la marraine)   *godfather (godmother)*

*Adjectifs*

brun   *dark-haired*

chaleureux (-se)   *hearty*

charmant   *charming*

comblé   *overjoyed*

pénible   *painful*

remis   *recovered*

*Expressions*

ainsi   *thus*

bientôt   *soon*

presque   *almost*

## Exercices

1.  Ecrivez une lettre de félicitations pour une naissance.
2.  Ecrivez une lettre de condoléances.

# La correspondance commerciale

## *L'étiquette*

Pour les lettres d'affaires, le papier doit être blanc et la lettre tapée à la machine, sans ratures, naturellement. L'orthographe et la ponctuation doivent être impeccables.

### Le format

On trouve l'en-tête, imprimé ou gravé en noir ou en bleu foncé,[1] en haut de la page. L'en-tête se compose de: la raison sociale de la société; le lieu[2] et le numéro d'immatriculation[3] au registre du commerce;[4] la forme juridique[5] *(S.A., S.A.R.L.,* etc.); le montant du capital (si c'est une société commerciale). Ces renseignements sont obligatoires. D'autres renseignements utiles sont: l'adresse de la société; la Boîte Postale *(B.P.)* si elle en a une; le numéro de CEDEX; le numéro de téléphone; l'adresse télégraphique ou de Télex; et le Compte courant postal *(C.C.P.)*.

La date se place en haut et à droite, soit au-dessus ou au-dessous de la vedette. Quelques espaces plus bas et à gauche se trouve l'appel. Au-dessus de l'appel, on écrira les références, l'objet de la lettre et les pièces jointes, s'il y a lieu.[6]

Le corps de la lettre se compose de plusieurs paragraphes: la formule d'entrée en matière, l'élaboration de l'objet de la lettre et la formule de politesse. On emploie le présent, le futur, le conditionnel et le subjonctif, mais jamais l'imparfait ni le passé simple. Chaque paragraphe commence à au moins cinq espaces (l'alinéa) de la marge.

Après la signature, on peut ajouter[7] un court post-scriptum, si l'on a un renseignement de dernière minute à donner, ou un commentaire à faire qui n'a rien à voir avec le reste de la lettre. Cette pratique n'est pourtant pas recommandée et ne doit pas devenir une habitude.

Observez les différentes parties de la lettre ci-dessous.

---

[1]dark    [2]place    [3]registration    [4]trade register    [5]legal form    [6]if there is good reason to    [7]add

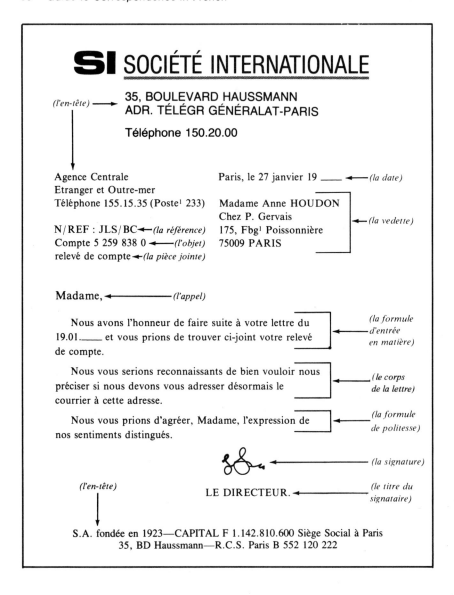

*(l'en-tête)* →

# SI SOCIÉTÉ INTERNATIONALE

35, BOULEVARD HAUSSMANN
ADR. TÉLÉGR GÉNÉRALAT-PARIS

Téléphone 150.20.00

Agence Centrale                    Paris, le 27 janvier 19 ____  ←—*(la date)*
Etranger et Outre-mer
Téléphone 155.15.35 (Poste[1] 233)   Madame Anne HOUDON
                                   Chez P. Gervais            ←—*(la vedette)*
N/REF : JLS/BC←—*(la référence)*    175, Fbg[1] Poissonnière
Compte 5 259 838 0 ←——*(l'objet)*   75009 PARIS
relevé de compte ←—*(la pièce jointe)*

Madame, ←————*(l'appel)*

  Nous avons l'honneur de faire suite à votre lettre du       *(la formule*
19.01.___ et vous prions de trouver ci-joint votre relevé   ←—*d'entrée*
de compte.                                                  *en matière)*

  Nous vous serions reconnaissants de bien vouloir nous
préciser si nous devons vous adresser désormais le          ←—*(le corps*
courrier à cette adresse.                                    *de la lettre)*

  Nous vous prions d'agréer, Madame, l'expression de         ←—*(la formule*
nos sentiments distingués.                                   *de politesse)*

                                                    ——————*(la signature)*

*(l'en-tête)*                                                *(le titre du*
                         LE DIRECTEUR. ←————————            *signataire)*

  S.A. fondée en 1923—CAPITAL F 1.142.810.600 Siège Social à Paris
        35, BD Haussmann—R.C.S. Paris B 552 120 222

  Notez qu'il est recommandé de taper le nom du signataire en dessous de sa signature, si celle-ci est illisible, et surtout s'il n'y a pas d'initiales dans les références. Ici, pourtant, le correspondant utilisera la référence *JLS/BC* et adressera sa lettre à: *Messieurs/Madame* ou *Monsieur*.

  Notez que les lettres commerciales peuvent s'écrire avec ou sans alinéas. La tendance actuelle, pourtant, est de rédiger les lettres commerciales sans alinéas.

―――――
[1]extension    [2]short for *Faubourg* (a kind of street named after a part of a city)

## L'enveloppe

Elle se présente comme celle de la lettre personnelle, sauf qu'[1]on inclut le titre du destinataire (en toutes lettres) ou la mention:

*A l'attention de: Monsieur P. Duchesne*
*Monsieur J. Dupuis*
*M. le Directeur du Service des ventes*
*Madame Jacqueline Dutilleul*
*Mme la Directrice du personnel,* etc.

---

[1]except that

## VOCABULAIRE
(La correspondance commerciale)

*Verbe*
taper à la machine   *to typewrite*

*Noms*
l'appel *(m.)*   *greeting*
la boîte postale (B.P.)   *Post Office Box*
le CEDEX (courrier d'entreprise à distribution exceptionnelle) *Business Mail*
le compte courant postal (C.C.P.) *postal checking account*
le corps de la lettre   *body of the letter*
la directrice   *woman director*
l'en-tête *(m.)*   *letterhead*
l'entrée *(f.)* en matière   *introduction*
le montant   *total amount*
l'objet *(m.)*   *subject*
la pièce jointe (P.J.)   *enclosure*
le post-scriptum (P.S.)   *postscript*
le Président-Directeur Général (P.-D.G.)   *President and Chairman of the Board*

la raison sociale   *corporate name*
la référence   *reference*
la S.A. (Société anonyme) *company in which the public owns stock* (Br. *public company)*
la S.A.R.L. (Société anonyme à responsabilité limitée) *corporation* (Br. *limited liability company)*
le signataire   *signatory*
la signature   *signature*
la société   *company*
la vedette   *name and address of addressee*

*Adjectifs*
gravé   *engraved*
imprimé   *printed*
obligatoire   *compulsory*
utile   *useful*

*Expressions*
A l'attention de:   *Attention:*
en toutes lettres   *spelled out*

### Exercices de vocabulaire

A. Donnez le mot ou la phrase qui correspond aux définitions suivantes.
1. personne qui signe une lettre
2. nom et adresse d'une personne à qui on écrit
3. document(s) qu'on envoie avec une lettre
4. ce dont parle la lettre
5. initiales des gens qui écrivent et tapent une lettre
6. écrire avec une machine à écrire
7. nom et adresse d'une société sur son papier à lettres
8. phrase qui commence une lettre
9. nom de la personne qui signe une lettre
10. tous les paragraphes de la lettre
11. renseignements de dernière minute
12. introduction dans une lettre

B. Répondez aux questions suivantes en employant les mots du vocabulaire.
1. Qu'est-ce qui termine une lettre?
2. Comment appelle-t-on la description d'une société sur son papier à lettres?
3. Quel est le contraire d'inutile?
4. Comment s'appelle un compte en banque à la poste?
5. Comment les grandes sociétés envoient-elles leur courrier?
6. Qui commande un service?
7. Comment écrit-on le titre d'une personne sur l'enveloppe et la vedette?

# *Les formules d'entrée en matière*

Comme les formules d'entrée en matière varient beaucoup selon les circonstances, elles sont groupées ici par thèmes.

1. **Comment demander un renseignement**
   a. Nous vous prions de nous faire savoir, par retour du courrier, si possible . . .
   b. Je vous serais obligé(e) de me faire connaître les renseignements suivants . . .
   c. Veuillez m'envoyer aussitôt que possible le prix des articles suivants . . .
   d. Je vous serais reconnaissant(e) de bien vouloir me faire savoir . . .

## Mots utiles

aussitôt que   *as soon as*
bien vouloir   *please*
envoyer   *to send*
être obligé(e) à (quelqu'un) de   *to be (most) obliged (to someone) to*
être reconnaissant(e) de   *to be grateful for*

faire savoir   *to let (someone) know*
par retour du courrier   *by return mail*
le renseignement   *information*
suivant   *following*
veuillez *(from* vouloir*)   please*

## 2. Comment passer une commande

   a. Veuillez m'expédier le plus tôt possible . . .
   b. Je vous prie de bien vouloir me faire parvenir . . .
   c. Prière de nous adresser immédiatement . . .
   d. Je vous serais reconnaissant(e) de bien vouloir m'envoyer . . .
   e. Nous vous confirmons l'ordre . . .

## Mots utiles

adresser   *to send*
confirmer   *to confirm*
expédier   *to dispatch, send*
faire parvenir   *to send*

l'ordre *(m.)   order*
passer une commande   *to place an order*

## 3. Comment répondre à une demande de renseignements ou à une commande

   a. Comme suite à notre coup de téléphone du 6 mai, je vous confirme . . .
   b. Suite à la commande que vous nous avez passée le 15 courant . . .
   c. Nous référant à notre conversation téléphonique du 23 janvier . . .
   d. En réponse à votre lettre du 4 courant . . . nous sommes en mesure de . . .
   e. Nous vous remercions vivement de votre demande de renseignements . . .
   f. Comme suite à votre courrier du mois dernier . . . vous trouverez ci-inclus . . .

## Mots utiles

ci-inclus   *enclosed*
comme suite à   *following*
courant   *of this month*
en réponse à   *in reply to*

être en mesure de   *to be able to*
se référer   *to refer to*
remercier   *to thank*
vivement   *deeply*

### 4. Comment refuser ou exprimer des regrets

a. Nous regrettons vivement de ne pas pouvoir satisfaire votre commande . . .

b. J'ai le regret de vous informer que . . .

c. Je regrette de vous faire savoir que nous ne pouvons pas donner suite à vos propositions . . .

d. Veuillez nous excuser de répondre avec tant de retard . . .

#### Mots utiles

avoir le regret de   *to regret to*  
donner suite à   *to follow up on*  
exprimer   *to express*

la proposition   *proposal*  
satisfaire   *to satisfy, meet*  
tant de   *so much*

### 5. Comment accuser réception de quelque chose

a. Nous vous accusons réception de votre facture du 6 mai . . .

b. J'ai bien reçu votre télégramme du 15 septembre . . .

c. Je m'empresse de vous remercier de m'avoir envoyé . . .

d. Votre commande nous est parvenue hier et nous nous empressons de . . .

#### Mots utiles

accuser réception de   *to acknowledge receipt of*  
s'empresser de   *to hasten to*

la facture   *bill, invoice*  
quelque chose   *something*  
recevoir   *to receive*

### 6. Comment offrir un renseignement ou un service

a. Nous avons l'honneur de vous informer que . . .

b. J'ai le plaisir de vous faire savoir que . . .

c. Nous serions particulièrement heureux de traiter avec vous . . .

d. Nous vous informons que nous avons actuellement . . .

e. Nous nous permettons de vous faire nos offres de service . . .

#### Mots utiles

actuellement   *at present*  
avoir l'honneur de   *to have the honor of*  
l'offre *(f.)* de service   *offer of service*

se permettre de   *to take the liberty of*  
traiter avec   *to deal with*

## 7. Comment réclamer un paiement
   a. Je me permets d'attirer votre attention sur . . .
   b. Je vous serais obligé(e) de bien vouloir accéder à notre demande...
   c. Nous nous voyons dans l'obligation de . . .
   d. J'ai l'honneur de vous prier de bien vouloir m'envoyer le montant de ma facture . . .
   e. Vous m'obligeriez en m'adressant le plus tôt possible le montant de ma facture . . .
   f. Nous vous rappelons que vous restez nous devoir . . .

### Mots utiles

accéder à une demande *to grant a request*

attirer l'attention de . . . sur *to draw (someone's) attention to*

réclamer *to claim, demand*

se voir dans l'obligation de *to feel obliged to*

## 8. Comment effectuer un paiement
   a. Je vous envoie ci-joint un chèque du montant de . . . et vous en souhaite bonne réception . . .
   b. Nous vous prions de trouver ci-joint . . . et vous serions obligés de nous en accuser réception.
   c. En règlement de votre facture du . . ., nous vous prions de trouver . . .
   d. Nous avons l'honneur de vous remettre sous ce pli un chèque...

### Mots utiles

le chèque *check* (Br. *cheque*)

ci-joint *enclosed*

effectuer *to carry out, make*

en règlement de *in settlement of*

le paiement *payment*

remettre *to send, deliver*

sous ce pli *herewith*

## 9. Comment faire une réclamation
   a. Je me permets de porter à votre attention le fait que . . .
   b. Nous vous rappelons que vous nous avez promis . . .
   c. Veuillez me faire savoir d'urgence . . .
   d. Nous vous signalons que . . .
   e. Nous avons été surpris de constater . . .

### Mots utiles

constater *to notice*

devoir *to owe*

d'urgence *urgently*

rappeler *to remind*

rester *to remain*

signaler *to point out*

## Quelques expressions utiles

(pour commencer les formules de politesse)

a. Dans l'attente de votre réponse, . . .
b. En vous remerciant de la confiance que vous nous témoignez . . .
c. En attendant la faveur de votre ordre, . . .
d. Dans l'attente de vous lire, nous . . .
e. Dans l'espoir que vous voudrez bien . . .
f. Avec tous mes remerciements . . .
g. Avec nos remerciements anticipés, . . .
h. En vous remerciant à l'avance, . . .
i. Espérant que notre offre vous paraîtra intéressante, . . .
j. En espérant que cette solution vous paraîtra acceptable, . . .
k. En vous souhaitant bonne réception de la marchandise, . . .
l. Comptant sur une prompte réponse, . . .

### Mots utiles

| | | | |
|---|---|---|---|
| la confiance | *confidence* | dans l'espoir que | *in the hope that* |
| conformément à | *in accordance with* | en attendant | *while waiting* |
| dans l'attente de | *looking forward to* | être en mesure de | *to be in a position to* |

## Les formules de politesse

Une lettre d'affaires comporte[1] non seulement une formule de politesse pour terminer la lettre, mais aussi une formule pour commencer le corps de la lettre. L'appel suit les mêmes règles que celles décrites plus haut dans les deux premières catégories de lettres personnelles: *Monsieur, Messieurs,* etc. pour les gens qu'on ne connaît pas, et *Madame ou Monsieur,* quand on ne sait pas si l'on s'adresse à une femme ou à un homme; *Cher Monsieur,* etc. pour les gens qu'on connaît.

Voici quelques appels et formules de politesse qui peuvent être employés entre fournisseur[2] et client(e). Là aussi, le terme *respectueux* ne sera employé que pour une femme, les autres sont souvent interchangeables.

### A. A un(e) client(e) qu'on ne connaît pas

*début:* Monsieur,
  *fin:* Agréez, Monsieur, mes salutations distinguées. *(ou)*
  Veuillez agréer, Monsieur, l'expression de mes sentiments dévoués.

---

[1]is composed of   [2]supplier, retailer

*début:* Madame,
   *fin:* Agréez, Madame, mes salutations les plus empressées. *(ou)*
   Nous vous prions de recevoir, Madame, l'expression de nos sentiments distingués.

## B.  A un(e) client(e) que l'on connaît bien

*début:* Cher Monsieur,
   *fin:* Veuillez agréer, Cher Monsieur, l'expression de mes sentiments les
   meilleurs.

*début:* Monsieur et cher client,
   *fin:* Croyez, Monsieur et cher client, à mes sentiments les plus amicaux.

*début:* Chère Madame,
   *fin:* Je vous prie d'agréer, Chère Madame, mes respectueuses salutations.

*début:* Madame et chère cliente,
   *fin:* Veuillez agréer, Madame et chère cliente, l'expression de mes sentiments les meilleurs.


## Comment s'adresser . . .

*à un président de la République:*
Monsieur le Président,
Veuillez agréer, Monsieur le Président, l'hommage de mon profond respect.

*à un ministre:*
Monsieur le Ministre, Madame le Ministre,
Veuillez agréer, Monsieur (Madame) le Ministre, l'assurance de ma très
haute considération.

*à un ambassadeur:*
Monsieur l'Ambassadeur, *ou* Excellence,
Veuillez agréer, Monsieur l'Ambassadeur, les assurances de ma très haute
considération.

*à un consul:*
Monsieur le Consul, Madame le Consul,
Veuillez agréer, Monsieur le Consul, l'assurance de ma haute considération.

*à un fonctionnaire:*[1]
Monsieur le Préfet, Monsieur le Maire,
Je vous prie d'agréer, Monsieur le Préfet, l'assurance de ma considération
distinguée.

---

[1]civil servant

*à un sénateur, un député:*[1]
Monsieur le Sénateur, Madame le Sénateur,
Veuillez agréer, Monsieur le Sénateur, l'assurance de mes sentiments les plus distingués.

*à un professeur:*
Monsieur le Professeur, Madame le (la)† Professeur, Cher collègue,* Chère collègue,*
Recevez, Monsieur, l'assurance de ma considération distinguée.

*à un officier:*
(de la part d'un inférieur) Mon Général, Mon Colonel,
(relations sociales) Mon cher Commandant,[2]

*à un roi, une reine, un prince royal:*
Sire, Madame, Prince,

*à un avocat, un notaire:*
Maître,[3] Cher Maître, Cher collègue,* Chère collègue,*

*à un docteur:*
Docteur, Mon cher docteur, Cher collègue,* Chère collègue,*

*à un président de société:*
Mon cher Président, Monsieur le Directeur,

*au pape:*
Très Saint-Père,
J'ai l'honneur d'être, très Saint-Père, avec la plus profonde vénération, de Votre Sainteté le très humble serviteur et fils *(ou)* la très humble servante et fille.

*à un cardinal:*
Eminence,
Daignez agréer, Eminence, l'hommage de mon plus profond respect.

*à un archevêque,*[4] *un évêque:*[5]
Monseigneur,
Veuillez agréer, Monseigneur, l'hommage de mon plus profond respect.

*aux Ecclésiastiques:*[6]
Mon Révérend Père, Mon Père,

*à un religieux:*[7]
Monsieur le Chanoine,[8] Monsieur le Curé,[9] Monsieur le Rabbin,[10] Monsieur le Pasteur,

---

[1]representative    [2]Major    [3]Lawyer    [4]archbishop    [5]bishop

[6]church people    [7]clergyman    [8]canon    [9]priest    [10]rabbi

*à une religieuse:*[1]
Ma Soeur, Ma Mère,
Veuillez agréer, Ma Mère, l'assurance de mon profond respect.

*Utilisé si l'auteur de la lettre fait partie de la même profession.

†La tendance aujourd'hui est d'employer l'article au féminin lorsqu'il s'agit d'une femme professeur.

Notez que, même si vous avez peu de chance d'écrire aux personnalités mentionnées ci-dessus, cette liste vous aidera à observer combien le ton formel des formules de politesse diminue avec la position du correspondant. Pour vous aider à comprendre ces formules, et bien que leurs équivalents en anglais soient bien différents, vous trouverez ci-dessous une traduction littérale de certains mots employés dans les formules.

---

[1]nun

## VOCABULAIRE
### (Les formules de politesse)

amical (-aux)  *friendly*  
daigner  *to deign, be good enough*  
empressé  *attentive, assiduous*  
profond  *deep*

## Exercices

Ecrivez une formule de politesse pour une lettre adressée aux personnes suivantes.
1. M. Gérard Dupont, Directeur de la Société Générale (une banque)
2. un Sénateur en France
3. un bon client que vous connaissez
4. un collègue qui est docteur
5. une cliente que vous n'avez jamais rencontrée
6. un prêtre *(priest)*, un pasteur ou un rabbin que vous connaissez
7. l'ambassadeur des Etats-Unis à Paris
8. le maire de Paris

# Lettres commerciales

## 1. Les petites annonces

**Offre d'emploi**

---

**Important**
groupe pharmaceutique
situé à
Mantes la Jolie
recherche chimiste
à plein temps
—Niveau B.T.S.[1]
—Expérience souhaitée dans
l'industrie pharmaceutique
Envoyer CV[2] manuscrit et prétentions *
sous réf.[3] 5048 à P.T.L.
51, bd[4] des Capucines 75015 Paris
Cédex 01
qui transmettra

---

[1]*Baccalauréat de technicien supérieur*     [2]*curriculum vitae*     [3]*référence*

[4]*boulevard*

### Réponse à une offre d'emploi

---

Monsieur le Directeur,

En réponse à votre annonce, parue dans le Journal du 17 courant, j'ai l'honneur de poser ma candidature au poste de chimiste dans votre société.

Je pense que mon éducation, ainsi que le stage que je viens de faire, me qualifient pour cet emploi.

Vous trouverez ci-joint mon curriculum vitæ. Je pourrai me procurer une lettre de recommandation, si vous le désirez, et me tiens à votre disposition pour une entrevue.

Dans l'espoir d'une réponse favorable, je vous prie de recevoir, Monsieur le Directeur, l'expression de mes salutations distinguées.

*Suzanne Vernod*

### Curriculum vitæ

Suzanne Vernod
14, rue du Midi, 75012 Paris
*Renseignements d'ordre général*
Née à Paris le 18 juin 1965
célibataire
*Formation*
1970-1976 Etudes primaires
1976-1982 Etudes secondaires au lycée Pasteur (Paris)
1982      Baccalauréat C*
1983      Baccalauréat de technicien supérieur
*Expérience*
Stage de six mois aux Laboratoires Legrand

*Notez qu'il y a plusieurs baccalauréats, numérotés de $A_1$ à $A_7$, de B à E, et de $F_1$ à $F_{10}$. Ceux-ci préparent aux universités et aux Grandes Ecoles. Pour les élèves qui préfèrent se préparer à une formation technique, les Bacs C, E et de $F_1$ à $F_{10}$ sont recommandés, plus un an dans une section de techniciens supérieurs.

## Demande d'emploi

Jeune homme, 25 ans
expér.[1] télévision
1 an aux U.S.A.
cherche situation à mi-temps
préf. contacts communications
Anglais, espagnol courants
Que me proposez-vous?
Téléphone: 633.15.92

[1]*expérience*

## Réponse à une demande d'emploi

---

Monsieur,

Comme suite à notre conversation téléphonique, je vous confirme votre rendez-vous avec notre chef de service du personnel, mercredi prochain, le 10 mars, à quinze heures.*

Il m'a prié de vous demander d'apporter votre curriculum vitæ et les certificats d'un ou deux de vos employeurs, en France et aux Etats-Unis.

Recevez, Monsieur, l'expression de mes salutations distinguées.

*C. Fouchet*
Directeur du Marketing

*15 heures = 3 p.m. Les Français emploient les 24 heures pour indiquer l'heure d'un train, d'un avion, d'un rendez-vous, etc.

## Lettre d'introduction

---

Cher ami,

Vous allez recevoir la visite d'un de mes amis, Monsieur Roubot, que je recommande à votre bienveillance.

Il doit arriver la semaine prochaine dans votre belle ville, et y passera une semaine pour affaires. Il a l'intention, pourtant, de changer de situation. Je ne vous demanderais pas de recevoir ce jeune homme, si je n'étais sûr de lui comme de moi-même. Je suis certain que, si vous pouviez le placer dans votre société, il vous rendrait les plus grands services.

J'espère que vous me pardonnerez de vous importuner ainsi et vous prie de croire, cher ami, à mes sentiments les meilleurs.

*Michel Boudin*

# VOCABULAIRE
## (Les petites annonces)

### *Verbes*
importuner *to bother*
pardonner *to forgive*
poser sa candidature *to apply for*
se procurer *to get hold of*
rechercher *to search for*
rendre le service *to be of help*
se tenir à la disposition de
(quelqu'un) *to be at
someone's disposal*
transmettre *to pass on*

### *Noms*
l'annonce *(f.)* *announcement*
la petite annonce *newspaper
ad*
l'attente *(f.)* *waiting*
la bienveillance *kindness*
le chef de service du personnel
*personnel officer*
le curriculum vitæ (CV) *résumé*

la demande d'emploi *situation
wanted*
l'emploi *(m.)* *employment*
l'employeur *(m.)* *employer*
l'entrevue *(f.)* *interview*
la formation *training*
le niveau *level*
les prétentions *(f.)* *expected
salary*
le rendez-vous *appointment*
la société *firm*

### *Adjectifs*
célibataire *bachelor, single*
courant *fluent*
manuscript *handwritten*
né *born*
numéroté *numbered*

### *Expressions*
à mi-temps *part-time*
à plein temps *full-time*

## Exercices

1. Ecrivez une demande d'emploi qui s'applique à votre situation réelle
   ou imaginaire pour un emploi à mi-temps ou à plein temps.
2. Ecrivez votre curriculum vitæ, d'après le modèle ci-dessus.

# 2. *Les lettres administratives*

## Demande de formulaire pour un permis de séjour et un permis de travail

---

Monsieur le Préfet,*

J'ai l'intention de passer un an en France pour me parfaire dans la langue française. J'ai déjà été admise à l'Université de Nanterre, mais il me faut un permis de séjour et un permis de travail.

Je vous demanderai donc de bien vouloir m'envoyer les formulaires nécessaires à l'adresse suivante:

Pearl Smith
102 Massachusetts Avenue
Boston, Mass. 02106

Veuillez recevoir, Monsieur le Préfet, l'assurance de ma considération distinguée.

*Pearl Smith*

*Notez que le Préfet est l'officier le plus haut placé dans un département (division administrative de la France).

# Formulaire de demande de permis de séjour

---

| CERFA N° 20.3227 | Numéro de classement du dossier |
|---|---|

## DEMANDE DE TITRE DE SEJOUR

**Nom**
*(Pour les femmes,
nom de jeune fille)*

**Epouse**

**Prénoms**

**Né(e) le**   J   M   A   Sexe [M] [F]

**à**   Ville ou commune

Code pays ou département

**Nationalité**   Code   En instance de naturalisation [O] [N]

**Domicile** (1)   Numéro   Nature de la voie   Nom de la voie
Voir au verso

Code postal   Ville ou commune

**Chez**

depuis le   J   M   A

**PERE** Nom
Prénoms

**MERE** Nom
Prénoms

**Situation de famille**   Célibataire [C]   Marié(e) [M]   Veuf(ve) [V]   Divorce(e) [D]

**CONJOINT** Nom

Prénoms

Nationalité   Code   Résidant en France [O] [N]

Nature du titre de séjour   N°

Catégorie socio-professionnelle   Secteur d'activité

**ENFANTS**   Total   Français   Nes en France   Résidents
de moins de 16 ans (nombre)

**Ancien nom**
Cadre à utiliser en cas de changement de nom patronymique

## TAXE ACQUITÉE [O] [N]

N.B. - DROIT D'ACCES AUX INFORMATIONS (voir au verso)

Notez le sens des lettres et abrévations suivantes:
**J** (jour), **M** (mois), **A** (année)
**D**tion **Dép**le (Direction Départementale);
**Modif.** (Modification).

## Formulaire de demande de permis de travail

| | | | | |
|---|---|---|---|---|
| | | CERFA n° 20/3 211 | | |
| **MINISTÈRE DE L'INTÉRIEUR** | **AUTORISATION PROVISOIRE DE SÉJOUR** | 1ʳᵉ DEMANDE ☐   de   RENOUVELLEMENT ☐ | CARTE DE SÉJOUR ☐   CARTE DE TRAVAIL ☐ | **MINISTÈRE du TRAVAIL** |

VALABLE TROIS MOIS à compter du ............................ (date de dépôt de la demande)
(à restituer au moment de la délivrance de la carte de séjour)

EN CAS DE RENOUVELLEMENT DE LA CARTE DE TRAVAIL

— La carte à renouveler était valable du .................................... au ....................................
— Pour la profession de : ................................................ dans la zone de ....................................

DÉPARTEMENT : ....................................

COMMUNE : ....................................

N° INSEE de la commune

- Photo -
3,5 x 4 cms
de face ou de ¾
tête nue

Cachet
du Service
qui reçoit la
demande

N° de la demande

Visa : ....................................

**A**   Nom : ....................................
Épouse : ....................................
Prénoms : ....................................
Né(e) le : ....................................
à : ....................................
Fil... de : ....................................
et de : ....................................
Nationalité : ....................................
Adresse } ....................................
actuelle } ....................................

N° 60 33 — IN 1 251006 L 66 D

**B**
| | |
|---|---|
| Date d'entrée en FRANCE | : .................................... |
| Document présenté | : .................................... |
| ☐ Passeport valable du | : .................................... au .................................... |
| Nature de la durée du visa | : .................................... |
| ☐ Carte d'identité valable du | : .................................... au .................................... |
| ☐ Précédente Carte de Séjour valable du | : .................................... au .................................... |
| Possède-t-il la qualité de réfugié | : .................................... |
| Sollicite-t-il la qualité de Résident Privilégié | : .................................... |

**C**
| | |
|---|---|
| Situation de famille | : .................... nombre d'enfants ........, dont ......... mineurs |
| Nationalité du conjoint | : .................... Est-t-il en FRANCE ; OUI - NON (1) |
| S'il est en FRANCE, date d'arrivée .................... | : nature du titre de séjour : .................... |
| | : nature du titre de travail : .................... |
| Nationalité des enfants mineurs | : .................... Sont-ils en FRANCE : OUI - NON (1) |
| S'ils sont en FRANCE | : Ont-ils subi le contrôle médical O.N.I. : OUI - NON (1) |
| Service militaire dans l'armée française du | : .................... au .................... |
| Est-il logé par l'employeur | : .................... |

**D**
| | |
|---|---|
| Références professionnelles | : .................... ; en FRANCE : .................... |
| Métier dont l'exercice est sollicité | : .................... |
| Secteur d'activité (par exemple, mines, industrie, agriculture,...) | : .................... |
| Qualification professionnelle | : .................... |
| Désignation de l'employeur | : .................... |
| Adresse de l'employeur | : .................... |

Signature du demandeur : ....................................

(1) RAYER LA MENTION INUTILE          N° 60 33 — IN 1 251006 L 66 D

Notez que l'**I.N.S.E.E.** (Institut national de la statistique et des études économiques) est une organisation gouvernementale qui s'emploie à analyser le développement démographique de la France à l'échelon régional et urbain. Notez aussi que la mention **Fil...de** doit être complétée d'une des deux façons suivantes: **Fils de** ou **Fille de**.

# VOCABULAIRE
## (Les lettres administratives)

### *Verbes*

analyser *to analyze*
apposer *to affix*
appuyer *to press*
déborder *to go beyond (limits)*
s'employer à *to devote oneself to*
être admis *to be admitted*
se parfaire *to perfect oneself*
posséder *to possess*
rayer *to cross out*
restituer *to return (something)*
solliciter *to solicit*
subir *to undergo*

### Noms

l'arrivée *(f.) arrival*
l'attestation *(f.) certificate*
l'autorisation *(f.) authorization*
le cachet *stamp*
le cadre *box (on a document)*
le certificat *certificate*
le classement *filing system*
le commerçant *shopkeeper*
la commune *township*
le conjoint *spouse*
le contrat *contract*
la délivrance *delivery*
le dépôt *deposit*
la désignation *name*
le dossier *file, dossier*
l'échelon *(m.) level*
l'engagement *(m.) agreement*
l'exemplaire *(m.) copy*
la fiche *(index) card*
le logement *housing, lodging*

le métier *profession*
le Ministère *Department*
le permis de travail *work permit*
la photocopie *photocopy*
la pièce *paper, document*
le prénom *first name*
la qualité *position (in an organization)*
le/la réfugié(e) *refugee*
le secteur *sector*
la statistique *statistics*
le travailleur *worker*
la voie *way, road*
le veuf/la veuve *widower/widow*

### *Adjectifs*

apatride *stateless (person)*
défavorable *unfavorable*
divers *various*
économique *economic*
mineur *under-age*
privilégié *privileged*
provisoire *temporary*
salarié *salaried*
urbain *urban*
valable *valid*

### *Expressions*

à compter du *starting from (date)*
dispensé de *exempt from*
de face *full-face*
soumis à *subject to*
tête nue *bareheaded*
au verso *on the back (of a page)*

## Exercices

1. Remplissez le formulaire de demande de permis de séjour que vous aurez reproduit sur une page séparée.
2. Faites de même pour la demande de permis de travail.

# 3. *Relations entre propriétaires et locataires*

**Petites annonces**

---

> **Immobilier**
> *Offres meublés* (10e)[1]
> Marais,[2] studio meublé
> refait neuf
> 1.400 F   265.41.09
>
> *Offres vides* (5e)[3]
> Bel app. tt cft.[4] 3 P. cuis.[5]
> s. de bains, w.-c. 65 m² 3.500 F
> ch. compr.[6] Visite sur place de
> 15 à 16 h. 40 rue Saint-Jacques
> 633.45.27

---

[1]*10e arrondissement à Paris*    [2]*quartier à Paris*    [3]*5e arrondissement*

[4]*appartement tout confort*    [5]*3 pièces, cuisine*    [6]*chauffage compris*

**Demande de délai de paiement**

---

Monsieur,

Je vais me trouver dans l'impossibilité de vous régler mon loyer le mois prochain, et vous prie de bien vouloir m'en excuser.

Je suis en effet au chômage depuis deux mois et devrais recevoir mes allocations sous peu. Malheureusement, par suite de problèmes administratifs, les versements qui me sont dûs ont été retardés, et je me trouve par conséquent démunie d'argent. Dès que ma situation sera régularisée, je ne manquerai pas de vous régler ce que je vous dois immédiatement.

En espérant que vous comprendrez ma situation, je vous prie de croire, Monsieur, à l'assurance de mes sentiments distingués.

*Marcel Forey*

*Notez qu'il y a 20 arrondissements (divisions administratives des grandes villes) à Paris.

## Demande de réparations

Monsieur,

Le sol de la cuisine de l'appartement meublé que j'occupe, 40 rue Saint-Jacques, se trouve avoir un besoin urgent de réparations. En effet, plusieurs carreaux qui étaient déjà cassés lorsque je suis arrivée dans l'appartement, sont maintenant en très mauvais état. De ce fait, ils peuvent provoquer un accident.

Je vous demanderai donc de bien vouloir envoyer un ouvrier pour remettre le sol en état. Veuillez bien me prévenir pour que je puisse m'arranger pour être à la maison quand il viendra.

Je vous prie de recevoir, Monsieur, l'expression de mes sentiments distingués.

*Françoise Béguin*

## Demande de résiliation de bail

---

Madame,

Ma femme et moi sommes, depuis la naissance de nos deux enfants, très à l'étroit dans les deux pièces que nous occupons dans votre immeuble, 17 Cité Vaneau. Nos filles grandissent et auront bientôt besoin d'une chambre chacune. Aussi avons-nous décidé de déménager en banlieue.

Nous regrettons de quitter le quartier et l'immeuble où nous nous sentions en sécurité, mais d'un autre côté, le petit jardin qui entoure le pavillon que nous avons l'intention d'acheter, donnera aux enfants plus d'espace pour s'ébattre[1] en toute liberté.

J'espère que vous comprendrez notre désir de nous évader de la ville, et que vous ne verrez pas d'inconvénients à ce que nous libérions l'appartement dans deux mois. Il ne s'agira alors que d'une période de trois mois avant le renouvellement de notre bail.

Nous vous prions de croire, Madame, à l'assurance de nos sentiments cordiaux.

*Jules Leclerc*

---

[1] to romp around

# VOCABULAIRE
## (Relations entre propriétaires et locataires)

### Verbes

s'agir de   *to be a matter of*
déménager   *to move*
entourer   *to surround*
s'évader de   *to escape from*
grandir   *to grow up*
libérer   *to vacate*
ne pas manquer de   *to be sure to*
occuper   *to occupy*
prévenir   *to let (someone) know*
projeter   *to plan*
provoquer   *to cause*
quitter   *to leave*
régler   *to pay*
régulariser   *to straighten out*
remettre en état   *to repair, mend*
retarder   *to delay*
se trouver   *to find oneself*

### Noms

l'allocation *(f.)* de chômage
   *unemployment benefits*
le bail   *lease*
le carreau   *(floor) tile*
le chauffage   *heating*
le chômage   *unemployment*
le délai   *delay*
l'immeuble *(m.)*   *apartment
   building*

l'immobilier *(m.)*   *real estate*
le jardin   *garden*
le loyer   *rent*
l'ouvrier *(m.)*   *worker, workman*
le pavillon   *suburban house*
la pièce   *room*
le quartier   *(city) district*
le renouvellement   *renewal*
la réparation   *repair*
la résiliation   *termination*
le sol   *floor*

### Adjectifs

cassé   *broken*
compris   *included*
démuni   *impoverished, without
   money*
meublé   *furnished*
refait neuf   *renovated*
tout confort   *modern comfort*
vide   *empty*

### Expressions

à l'étroit   *cramped*
de ce fait   *because of it*
en banlieue   *in the suburbs*
en mauvais état   *in bad shape*
en sécurité   *safe*
sous peu   *in a short time*
sur place   *on the spot*

## Exercices

1.   Ecrivez à votre propriétaire pour vous plaindre de quelque chose qui ne marche pas.
2.   Ecrivez une lettre à votre propriétaire, expliquant pourquoi vous voulez déménager.

# 4. Les opérations bancaires

## Ouverture d'un compte en banque

Monsieur le Directeur,

Nous vous prions de bien vouloir ouvrir sur vos livres un compte au nom de la S.A. TOUVABIEN, domiciliée 89, rue des Anges à Paris (5e).

Nous vous confirmons que ce compte constituera un compte courant et que seules ma signature et celle de notre Trésorier (dont vous trouverez ci-inclus un échantillon) devront être acceptées.

Vous voudrez bien trouver également ci-joint:
—un extrait du registre du commerce;[1]
—un exemplaire du Journal d'annonces légales[2] indiquant la création de notre société;
—une copie certifiée des statuts de la société.[3]

Veuillez agréer, Monsieur le Directeur, l'expression de nos sentiments distingués.

*Robert Lafontaine*
Chef de la comptabilité

---

[1]trade register   [2]legal announcements   [3]corporate statutes

## Demande de carnet de chèques

Monsieur ou Madame,

Je vous serais obligée de m'envoyer un carnet de cinquante chèques barrés* avec souches, et de faire porter le montant des frais au débit de mon compte no. 75438200.

J'apprécierais un délai minimum d'impression[1] et de préparation des chèques.

Recevez, Monsieur ou Madame, mes sincères salutations.

*Claire Maritain*

*Notez que le chèque barré ne peut être touché que par le bénéficiaire.

---

[1]printing

## Demande de prêt

---

Monsieur,

Comme suite à la conversation que nous avons eue hier, je vous confirme ma demande d'un prêt personnel de 10.000 F pour une période de six mois au taux d'intérêt de 13 % par an, le taux courant de votre banque.

Je vous serais reconnaissant de bien vouloir déposer ce prêt à mon compte.

Avec mes remerciements anticipés, je vous prie de recevoir, Monsieur, mes salutations distinguées.

*Pierre Reboul*

## Ordre de virement

---

Madame,

Veuillez faire virer de mon compte sur livret no. 046792/02 la somme de 20.550 F (vingt mille cinq cent cinquante francs) au crédit du compte courant no. 257835/23 au nom de M. Jacques Thibaud.

Croyez, Madame, à mes sentiments les plus distingués.

*Andrée Bardot*

## Demande de carte de crédit

---

Messieurs,

J'ai l'honneur de vous demander de me délivrer une carte Bleue « Visa », exclusivement à mon nom.

Vous trouverez ci-inclus mes références bancaires et financières.

Je reconnais avoir pris connaissance des conditions de fonctionnement de la carte bleue, déclare y adhérer sans réserve, et assumer la responsabilité entière de l'utilisation de cette carte.

Veuillez porter les frais à mon compte No 257835/23 à l'agence Opéra. Je vous prie de croire, Messieurs, à l'assurance de mes sentiments distingués.

*Jacqueline Robichon*

## Renouvellement de carte de crédit

---

Mlle Sylvie Melançon
208 Hill Road Apt 73
Norwalk CT 06854 USA

MADAME, MADEMOISELLE, MONSIEUR,

VOTRE CARTE BLEUE VENANT D'ETRE RENOUVELEE POUR
UNE DUREE D'UN AN, VOUS POURREZ LA RETIRER A VOTRE
AGENCE BANCAIRE CONTRE REMISE DU TICKET DE RETRAIT
CI-DESSOUS ANNEXE.

PAR AILLEURS,[1] NOUS CROYONS UTILE DE VOUS RAPPELER
QUE LE CODE CONFIDENTIEL QUI VOUS A ETE PRECEDEM-
MENT COMMUNIQUE RESTE INCHANGE.

NOUS VOUS PRIONS D'AGREER, MADAME, MADEMOISELLE,
MONSIEUR, L'EXPRESSION DE NOS SENTIMENTS DISTIN-
GUES.

CENTRE CARTE BLEUE N° 3

. . . . . . . . . . . . . . . . . . . . . . . . . . . . . . . . . . . . . . . . . . . . . . . . . . . . . . . . . . . . . . .

**Ticket de retrait de la carte Bleue**

| | banque | guichet |
|---|---|---|
| à présenter à votre guichet de banque, code | 50007 04003 | 09056178398 |

C.B. no 3973 109 157 706        reçue le        expire fin   09 84

---

(signature du titulaire)

Mlle Sylvie Melançon

Déclare avoir reçu et accepté le
texte actuel des conditions de fonctionnement de la carte Bleue.

---

(nom et signature de l'agent
ayant remis la carte)

La cotisation est de F 110,00

---

[1]moreover

## Réponse à un renouvellement de carte de crédit

Monsieur ou Madame,

J'ai bien reçu votre lettre indiquant que ma carte Bleue venait d'être renouvelée, mais comme j'habite en ce moment à l'étranger, je vous demanderai de bien vouloir me l'envoyer en recommandé à l'adresse suivante:

Jacqueline Bernardin
600 boul. Queen nord
Windsor (Québec)
G9S 2H6

Avec mes remerciements anticipés, je vous prie, Monsieur ou Madame, d'agréer mes salutations les plus distinguées.

*Jacqueline Bernardin*

# VOCABULAIRE
### (Les opérations bancaires)

*Verbes*
adhérer   *to abide by*
assumer   *to take on*
constituer   *to constitute*
déclarer   *to state*
délivrer   *to issue*
déposer   *to deposit*
faire porter (une somme d'argent)
    *to enter (a sum of money)*
porter au crédit de   *to credit*
    *(someone)*
porter au débit de   *to debit*
    *(someone)*
retirer   *to pick up*
toucher   *to cash*
virer   *to transfer*

*Noms*
le carnet de chèques   *checkbook*
   (Br. *chequebook*)
la carte de crédit   *credit card*
le compte courant   *checking
    account* (Br. *current account*)
le compte en banque   *bank
    account*
le compte sur livret   *savings
    account*
la cotisation   *dues* (Br.
    *contribution, amount due*)
la durée   *period of time*
l'échantillon *(m.)   sample*
l'exemplaire *(m.)   copy*
l'extrait *(m.)   excerpt*

le fonctionnement   *operation*
les frais *(m.)   charges*
le guichet   *bank window*
l'ordre *(m.)   transfer*
l'ouverture *(f.)   opening*
le prêt   *loan*
le registre du commerce   *trade
    register*
la remise   *handing over*
le retrait   *withdrawal*
la souche   *stub*
le taux d'intérêt   *interest rate*
le ticket   *coupon*
le ticket de retrait   *withdrawal
    slip*
le titulaire   *(card) holder*
le trésorier   *treasurer*
l'utilisation *(f.)   use*

*Adjectifs*
bancaire   *bank, banking*
domicilié   *residing*
entier (-ère)   *whole*
financier (-ère)   *financial*

*Adverbes*
exclusivement   *exclusively*
précédemment   *previously*

*Expressions*
à présenter   *to be presented*
sans réserve   *without reservations*

## Exercices

1.  Ecrivez un ordre de virement à votre banque.
2.  Faites une demande de carte de crédit à votre nom.

# 5. *Locations et réservations*

## Demande de renseignments* à un Syndicat d'initiative[1]

---

Monsieur,

Ayant l'intention de passer quelques semaines de vacances à Juan-les-Pins, du 1er au 21 août, je vous serais reconnaissante de bien vouloir me communiquer quelques renseignements.

Notre famille se compose de quatre personnes, dont deux adolescents, et nous disposerons d'une voiture. Nous souhaiterions trouver soit un hôtel du genre pension de famille, à des prix moyens, soit un appartement ou une villa à Juan ou dans les environs.

Pourriez-vous m'indiquer les hôtels correspondant à cette description, et les villas ou appartements à louer dans la région, avec leurs prix de location?

Par ailleurs, je vous demanderai également de me dire quelles sont les ressources touristiques de la région.

Dans l'attente de votre réponse, je vous prie d'agréer, Monsieur, l'assurance de ma considération distinguée.

*Renée Gervais*

---

[1] tourist information office

*Pour être certain(e) que vous recevrez une réponse, joindre à votre lettre une enveloppe timbrée libellée à vos nom et adresse.

## Réservations dans un hôtel

---

Monsieur,

Mon mari et moi désirons passer trois semaines de vacances avec nos deux enfants à Juan-les-Pins, entre le 1er et le 21 août. Votre établissement nous a été recommandé par le Syndicat d'initiative et nous vous serions reconnaissants de bien vouloir nous retenir deux chambres avec salle de bains, l'une à un lit à deux personnes, l'autre à deux lits, pour cette période. Nos fils partageront la deuxième chambre. Nous aimerions avoir vue sur la mer, si possible.

*(Tournez à la page suivante.)*

Auriez-vous l'obligeance de nous indiquer le montant des arrhes que nous devrons vous verser, et dans quels délais?

Dans l'attente de votre confirmation, nous vous prions de recevoir, Monsieur, nos salutations distinguées.

*Renée Gervais*

## Réponse de l'hôtel

Madame,

J'ai l'honneur de confirmer votre réservation pour deux chambres, l'une à un lit, l'autre à deux lits, pour vous et votre famille, du 1er au 21 août. La première a une salle de bains et vue sur la mer, mais la deuxième n'a qu'une douche et donne sur le jardin. J'espère que vous n'y verrez pas d'inconvénient. Leurs prix sont respectivement de 200 F et 180 F la nuit, avec petit déjeuner. Vous pourrez également prendre vos repas du soir à l'hôtel: les deux menus à prix fixes se montent à 92 F par personne, vin non compris.

Veuillez bien nous faire parvenir votre accord sur les réservations de chambres, et nous faire savoir si vous désirez prendre vos repas du soir à l'hôtel. Dans ce dernier cas, nous vous signalons que la cuisine ferme à vingt heures trente. Je vous serais reconnaissant de nous envoyer la somme de 8 000 F à titre d'arrhes, et cela avant le 1er juillet.

Vous souhaitant un bon voyage et un bon séjour dans notre belle région, je vous prie de croire, Madame, à mes sentiments dévoués.

*J. Blanchard*
Gérant

## Location de voiture

Monsieur,

Mon mari et moi désirons louer une voiture à votre agence de la gare de Lyon, pour une période de trois à quatre semaines, du 30 juillet au 23 août. Nous aimerions une voiture de puissance moyenne, comme une Renault R 8 ou une Peugeot 405.

Veuillez avoir l'obligeance de nous faire connaître vos tarifs à la semaine et au mois et les conditions de location d'une voiture de cette classe.

En vous remerciant à l'avance, nous vous prions de recevoir, Monsieur, nos salutations distinguées.

*Renée Gervais*

## VOCABULAIRE
### (Locations et réservations)

**Verbes**

avoir l'intention   *to intend*
communiquer   *to inform*
se composer de   *to be composed of*
disposer de   *to have at one's disposal*
donner sur   *to have a view on*
indiquer   *to suggest*
joindre   *to enclose*
louer   *to rent*
se monter à   *to amount to*
partager   *to share*
retenir   *to reserve*
verser des arrhes   *to put down a deposit*

*Noms*

les arrhes *(f.)*   *deposit*
la douche   *shower*
les environs *(m.)*   *vicinity*
l'établissement *(m.)*   *establishment*
l'excursion *(f.)*   *walk, hike*
le genre   *kind*
le lit   *bed*
la location   *renting*
la pension de famille   *guest house*
la piscine   *swimming pool*

la plage   *beach*
le prix   *price*
la promenade   *walk, stroll*
la puissance   *power*
le repas   *meal*
la salle de bains   *bathroom*
le tarif   *rate*
la villa   *an elegant country house*
le vin   *wine*
la vue   *view*

*Adjectifs*

correspondant   *corresponding*
libellé à vos nom et adresse   *self-addressed*
moyen(ne)   *moderate, average*
timbré   *stamped*

*Expressions*

à la semaine   *weekly*
à titre de   *by way of*
au mois   *monthly*
de plus   *also*
la nuit   *per night*
non compris   *not included*
par ailleurs   *furthermore*
soit . . . soit   *either . . . or*

## Exercices

1. Ecrivez une lettre à un Syndicat d'initiative dans la ville française de votre choix, pour demander certains renseignements dont vous avez besoin avant de faire des réservations dans cette région.
2. Ecrivez à un hôtel pour y faire des réservations. Basez la lettre sur les renseignements que vous avez reçus du Syndicat d'initiative.

# 6. *Les lettres circulaires*

## Cession de commerce

_____

Mesdames,

J'ai l'honneur de vous faire connaître que j'ai cédé mon salon de coiffure et mon magasin de produits de beauté à Madame S. Bouvier, mon assistante, qui gérera l'affaire à partir de demain, à la même adresse.

Je vous remercie de la confiance que vous m'avez toujours témoignée et vous prie de bien vouloir l'accorder à mon successeur, dont vous connaissez déjà les talents.

Veuillez agréer, Mesdames, l'assurance de mes sentiments les plus sincères et de mon meilleur souvenir.

*Denise Darcy*

## Avis de succession

_____

Mesdames,

Comme vous l'annonce la circulaire ci-jointe, Madame D. Darcy m'a cédé la suite de son commerce, dans lequel elle laisse une partie de ses capitaux.

J'espère que vous voudrez bien continuer de m'honorer de votre confiance, et je m'efforcerai, de mon côté, de la mériter.

Dans l'attente de vous revoir très prochainement, veuillez agréer, Mesdames, l'expression de mes sentiments bien dévoués.

*Solange Bouvier*

## Avis d'ouverture d'une succursale

Chers clients,

Nous avons le plaisir de vous informer que nous venons d'achever la construction d'une nouvelle succursale du Bon Marché[1] dans votre ville.

Vous y trouverez les mêmes prix avantageux que dans le grand magasin que vous connaissez bien à Paris, mais vous n'aurez plus à perdre un temps précieux dans le métro.

Nous espérons donc que vous nous ferez la faveur de visiter nos rayons de vente à Sceaux très bientôt. L'ouverture de la succursale donnera lieu, à partir du 1er mai à une célébration qui durera toute la semaine, et pendant laquelle nos prix habituels seront écrasés.

En espérant votre visite pendant cette période, nous vous prions de croire, chers clients, à nos sentiments bien dévoués.

Président-Directeur Général

---

[1]Paris department store

## Avis de passage d'un représentant*

Monsieur,

Notre représentant, M. Thibeau vous rendra visite dans le courant du mois prochain. Comme dans toutes ses tournées annuelles, il prendra lui-même contact avec vous pour arranger un rendez-vous.

Nous espérons que vous voudrez bien lui réserver comme par le passé, la faveur de vos ordres. Nous vous en remercions à l'avance, et vous prions d'agréer, Monsieur, nos salutations empressées.

*Marc Durendot*
Directeur des ventes

*Un représentant prend l'ordre d'achat d'un client. Le client passe une commande, lorsque les détails de livraison et de paiement sont donnés.

## Comment prendre rendez-vous

Monsieur,

Comme vous l'a annoncé le Directeur des ventes de la Maison Blanchard, j'ai l'intention de passer par Dijon mercredi et jeudi prochains. J'aimerais pouvoir vous montrer les derniers modèles de nos appareils électro-ménagers à cette occasion.

J'ai donc l'intention d'aller vous voir vers deux heures mercredi. Je vous appellerai dans la matinée pour vérifier que l'heure vous convient. J'espère bien que vous me permettrez, comme par le passé, de vous offrir le déjeuner pendant ma visite.

Dans l'attente de vous voir, je vous prie de croire, Monsieur, à toute ma considération.

*Jean - Pierre Thierry*

## Envoi de documentation

---

Cher Monsieur,

Suite à votre demande, nous avons le plaisir de vous adresser ci-inclus une documentation complète concernant notre programme:

### LE VAL D'AZUR

qui est en cours de construction entre BIOT et VALBONNE.

Le meilleur accueil vous sera réservé à notre bureau de vente, sur place, ouvert tous les jours, y compris le dimanche, de 10 h à 12 h et de 14 h 30 à 18 h 30.

Restant à votre entière disposition pour tous renseignements complémentaires, nous vous prions d'agréer, Cher Monsieur, l'expression de nos meilleures salutations.

*Anne Boisvert*

Anne Boisvert
Responsable du bureau de vente

## VOCABULAIRE
(Les lettres circulaires)

### Verbes

accorder   *to grant*
achever   *to finish, complete*
céder   *to sell, dispose of*
convenir   *to be suitable (to)*
s'efforcer de   *to endeavor to*
faire la faveur de   *to be so kind as to*
gérer   *to manage*
honorer   *to honor*
laisser   *to leave*
passer par   *to pass through*
perdre   *to lose*
prendre contact avec   *to contact (someone)*
prendre rendez-vous   *to make an appointment*

### Noms

l'accueil *(m.)*   *welcome, reception*
l'achat *(m.)*   *purchase*
l'appareil *(m.)*   *appliance*
l'avis *(m.)*   *notice*
le bureau de vente   *sales office*
le capital *(pl.* -aux)   *capital*
la cession   *transfer*
la circulaire   *circular*
le commerce   *trade, business*
la livraison   *delivery*
le magasin   *store* (Br. *shop*)
le grand magasin   *department store*
le métro   *subway* (Br. *underground*)
le modèle   *model*
le passage   *visit (business)*

le produit de beauté   *cosmetic*
le rayon de vente   *sales department, counter*
le rendez-vous   *appointment*
le représentant, la représentante   *traveling salesperson*
le salon de coiffure   *beauty salon*
la succursale   *branch*
la suite   *succession*
la tournée   *round*

### Adjectifs

annuel(le)   *yearly*
avantageux (-se)   *attractive*
bon marché (invariable)   *inexpensive*
complémentaire   *additional*
écrasé   *smashed*
électro-ménager (-ère)   *household*
habituel(le)   *usual*
précieux (-se)   *precious*

### Adverbe

prochainement   *in the near future*

### Expressions

à partir de   *starting with*
dans le courant de   *during*
dans la matinée   *during the morning*
en cours de   *in the process of*
par le passé   *in the past*
y compris   *included*

## Exercices

1. Ecrivez une circulaire pour annoncer l'ouverture d'une succursale de grand magasin dans votre ville.
2. Ecrivez une lettre annonçant la visite d'un représentant de votre société.

# 7. *La commande*

## Le bulletin de commande

---

Monsieur,

Veuillez me faire parvenir par retour . . . rames de papier vélin[1] (catalogue No 3549); . . . rames de papier vergé[2] (catalogue No 4551); . . . rames de papier pelure (catalogue No 2475); . . . rames de papier carbone (catalogue No 1328), port payé.

Je réglerai:
—à réception
—par chèque bancaire joint
—par chèque postal CCP 157-349

(Biffer les options non retenues.)

Veuillez également m'adresser, à titre gratuit, la dernière édition de votre catalogue.

*Georges Fouchier*

---

[1]vellum    [2]laid paper

## Confirmation d'un ordre

---

Monsieur,

Nous référant à la visite de votre représentant, Monsieur Leblanc, la semaine dernière, nous vous confirmons l'ordre que nous lui avons passé pour 10 rames de papier vélin (cat. No 3459) à 115 F la rame; 20 rames de

*(Tournez à la page suivante.)*

papier vergé (cat. No 4551) à 100 F la rame; 30 rames de papier carbone (cat. No 1328) à 72 F la rame; et 20 rames de papier pelure (cat. No 2475) à 80 F la rame, soit une somme totale de 7.710 francs, port payé.

Nous espérons recevoir cet envoi à domicile et en port payé avant le 15 septembre prochain. Nous vous réglerons, comme d'habitude, comptant par chèque bancaire, dès réception.

Veuillez accepter, Monsieur, nos meilleures salutations.

*Georges Fouchier*

## Acceptation d'une commande ou d'un ordre

Monsieur,

Nous avons bien reçu votre confirmation de l'ordre passé à notre représentant, Monsieur Leblanc, et vous remercions sincèrement de l'aimable accueil que vous avez bien voulu lui réserver, ainsi que de l'ordre qui s'est ensuivi.

Cette commande vous sera livrée, selon les conditions décrites dans votre lettre du 30/8/___, vers le 10 septembre.

Suivant nos conditions habituelles, les rames seront débitées au prix coûtant et reprises au prix de facture en cas de retour, en bon état et en port payé.

Recevez, Monsieur, l'expression de nos sentiments distingués.

*Henri — Michel Charrin*

## Une commande à l'étranger

---

Cher Monsieur,

Mon collègue, Monsieur Barbeau, et moi avons eu le plaisir de vous rencontrer à Francfort, à l'occasion de la Foire Mondiale du Livre. Nous avons relevé quelques titres dans votre collection de romans canadiens que nous aimerions commander pour nos librairies à Paris et en province. Vous en trouverez la liste ci-joint.

Nous apprécierions une livraison par avion de Montréal, dans les quatre semaines qui suivent. Nous ferons domicilier votre facture, quand nous la recevrons, auprès de la Société Générale, notre banque à Paris, et vous ferons parvenir la formule D3 pour la douane. Nous effectuerons notre paiement en devises canadiennes, par virement bancaire qui vous sera expédié au reçu de votre lettre de transport aérien.

Veuillez recevoir, cher Monsieur, l'expression de nos sentiments les plus cordiaux.

*Jean - Paul Laurier*
Directeur des ventes

## Une commande de l'étranger

---

Monsieur,

Nous avons l'honneur de vous passer commande, pour notre usine de Trois-Rivières, de:
20 microordinateurs Micral série 80
20 logiciels PROLOGUE
aux prix cités dans votre lettre du 1/6/___.

Nous les avons choisis pour leurs qualités de gestion de fichiers et d'accès multicritères.[1]

*(Tournez à la page suivante.)*

Dès que vous aurez fait établir la formule D6 de douane, et que nous en aurons reçu un exemplaire, nous vous adresserons notre paiement en dollars canadiens. Vous pourrez les vendre sur le marché des changes à un taux qui se trouve plus avantageux en ce moment.

Veuillez recevoir, Monsieur, l'expression de nos salutations distinguées.

_____

[1]multicriteria

*Martine Lherbier*

## Refus partiel de commande

_____

Madame,

Vous avez bien voulu nous commander, le mois dernier, 30 mètres de velours côtelé gris et 50 mètres de toile de jean. Nous pourrons vous livrer la toile de jean dans les délais que vous demandez. Malheureusement, nous sommes au regret de vous faire savoir que notre stock actuel de velours côtelé gris ne sera pas suffisant pour couvrir toutes les commandes que nous avons reçues récemment. Nous sommes, comme vous pouvez l'apprécier, dans l'obligation de servir les commandes reçues avant la vôtre.

Comme il ne nous est pas possible en ce moment de prévoir si nos stocks seront réapprovisionnés avant le début de la saison prochaine, nous comprendrons que vous ne vouliez pas attendre et que vous annuliez votre commande.

Veuillez nous excuser de ce retard anormal. Nous osons espérer que ce contretemps ne nous privera pas de votre clientèle à l'avenir.

Nous vous prions de recevoir, Madame, l'expression de nos sentiments empressés.

*Gabriel Surrot*
Chef du service des ventes

# VOCABULAIRE
(La commande)

## Verbes

annuler *to cancel*
biffer *to cross out*
effectuer *to make (payment)*
être au regret de *to regret to have to*
livrer *to deliver*
priver de *to deprive of*
servir *to attend to*
réapprovisionner *to restock*
vendre *to sell*

## Noms

l'accès *(m.) access*
le bulletin de commande *order form*
le chèque postal *post office check* (Br. *cheque*)
la clientèle *patronage*
la devise *currency*
la douane *customs*
l'envoi *(m.) shipment*
l'exemplaire *(m.) copy*
le fichier *file*
la foire *fair*
la gestion *management*
la librairie *bookstore*
la livraison *delivery*
le logiciel *computer software*
le marché des changes *Foreign Exchange Market*
le microordinateur *micro-computer*

le papier carbone *carbon paper*
le papier pelure *onion-skin paper*
la rame (de papier) *ream (of paper)*
le refus *refusal*
la toile de jean *jeans cloth*
le transport *transportation*
le velours côtelé *corduroy*
le virement bancaire *credit transfer*

## Adjectifs

actuel(le) *present*
aérien(ne) *by air*
cité *quoted*
débité *retailed*
mondial *worldwide*
repris *taken back*
retenu *retained*

## Expressions

à (dès) réception *upon receipt*
à domicile *at home, at a firm's registered address*
à titre gratuit *free of charge*
au prix coûtant *at cost*
au reçu de *upon receipt of*
comptant *cash*
en bon état *in good condition*
en cas de retour *in case of return*
port dû *postage due*
port payé *postage paid*
vers le *(date) around*

# 8. *Les lettres de réclamation*

## Plainte pour un retard de livraison

---

Monsieur,

Je vous ai commandé, il y a déjà six semaines, 1 000 kg de café, qualité extra, à 32 F le kilo, C.A.F. Bordeaux. Or, je n'ai encore rien reçu.

Les conséquences, pour moi, sont désastreuses, car mes stocks sont épuisés, et j'ai déjà perdu de nombreuses commandes. Si, pour des raisons indépendantes de votre volonté, vous ne pouvez procéder à cette livraison dans les délais les plus rapides, je me verrai obligé, à mon grand regret, d'annuler la commande.

Je vous présente, Monsieur, mes salutations distinguées.

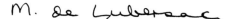

## Réponse de l'expéditeur

---

Monsieur,

En réponse à votre lettre en date du 5 mars courant, nous regrettons vivement de n'avoir pu vous expédier en temps utile les marchandises qui ont fait l'objet de votre commande du 15 janvier.

La faute en incombe aux grèves partielles des docks à Bordeaux, qui viennent, du reste, de se terminer hier. Votre chargement est sans doute maintenant en route vers votre entrepôt.

Vous en souhaitant bonne réception, nous vous prions de croire, Monsieur, à nos sentiments bien dévoués.

D. Breton

## Plainte pour livraison non conforme

Madame,

J'avais commandé il y a un mois, aux Trois Suisses,[1] plusieurs articles dont vous trouverez la liste sur la copie de mon bon de commande ci-joint. Or, j'ai reçu hier un paquet de tous les articles mentionnés, à l'exception de la couverture de laine (cat. No 92356).

J'ai tenu à vous signaler aussitôt que possible que cet article manquait. Si vos stocks sont épuisés, veuillez bien me le faire savoir, pour que je puisse me procurer cette couverture ailleurs. S'il s'agit seulement d'un délai de huit à dix jours, je veux bien attendre, mais s'il s'agit d'une erreur, je vous serais reconnaissante de la corriger dans les plus brefs délais.

Avec mes remerciements anticipés, je vous prie de recevoir, Madame, mes sentiments distingués.

P.J. 1

Jacqueline Moreau

---

[1] a mail-order company

## Réponse de la maison de ventes par correspondance
## (Les Trois Suisses)

---

Madame,

Nous sommes désolés de l'erreur qui s'est glissée dans l'envoi de votre paquet des Trois Suisses, comme vous nous l'avez fait remarquer dans votre lettre du 17 mai courant.

Nous nous empressons de rectifier cet oubli et vous adresserons dès demain la couverture que vous aviez commandée.

Avec nos sincères excuses, veuillez agréer, Madame, l'expression de nos sentiments bien dévoués.

*Marie - Claude Dubet*

## Réclamation pour marchandises égarées

---

Monsieur,

Votre compagnie de navigation s'est chargée d'une expédition de 25 caisses de bonbons acidulés de la Société CANDYSWEET Ltd. de Londres, qui nous a confirmé cet envoi, il y a deux jours, à notre entrepôt. Or, nous venons d'apprendre par télex qu'un total de 20 caisses seulement sont arrivées à notre entrepôt dans le port du Havre.

Veuillez bien faire une enquête sur la disparition des 5 caisses qui manquent à l'expédition, et nous faire savoir ce que vous entendez faire pour rectifier la situation. Le Connaissement No 18 et la Police d'assurance No 442 603 accompagnaient l'expédition du 14 courant d'un total de 25 caisses de bonbons, pour un montant de 150 livres sterling.

Dans l'espoir de vous lire très bientôt, recevez, Monsieur le Directeur, nos sincères salutations.

M. Rousselon

## Réponse de la compagnie maritime

Monsieur,

Nous avons appris avec regret le cas de vos caisses manquantes de bonbons acidulés, et nous avons immédiatement fait faire des recherches pour les retrouver.

Nous avons donc le plaisir de vous faire savoir que nos services d'inspection les ont découvertes sur un de nos docks. Elles avaient été séparées par erreur du reste de l'expédition. Elles seront délivrées demain à l'aube[1] à votre entrepôt, avenue du Port, Le Havre.

Avec toutes nos excuses pour cette malencontreuse erreur, nous vous prions d'agréer, Monsieur, l'assurance de notre considération distinguée.

G.C. Marot

---
[1] at sunrise

## VOCABULAIRE
### (Les lettres de réclamation)

*Verbes*

corriger   *to correct*

découvrir   *to discover*

entendre faire   *to intend to do*

faire faire   *to have (something) done*

faire l'objet de   *to be the subject of*

faire des recherches   *to research, inquire*

faire remarquer   *to draw attention to*

se glisser   *to creep into*

incomber à   *to be the responsibility of*

manquer   *to be missing*

se procurer   *to get, buy*

retrouver   *to find again*

se terminer   *to end, terminate*

*Noms*

l'article *(m.)*   *item*

le bonbon acidulé   *acid-fruit candy*

le bon de commande   *order form*

la caisse   *box*

le cas   *case*

le chargement   *freight, cargo*

la compagnie de navigation   *shipping company*

le connaissement   *bill of lading*

la couverture de laine   *wool blanket*

le dock   *dock, warehouse*

l'enquête *(f.)*   *inquiry*

l'entrepôt *(m.)*   *warehouse*

l'erreur *(f.)*   *error, mistake*

la faute   *fault*

la grève   *strike*

la livre sterling   *British pound*

la maison de ventes par correspondance   *mail-order company*

l'oubli *(m.)*   *forgetting*

la plainte   *complaint*

la police d'assurance   *insurance policy*

la réclamation   *complaint*

*Adjectifs*

bref (brève)   *brief*

convenu   *agreed upon*

désastreux (-se)   *disastrous*

égaré   *misplaced*

épuisé   *exhausted*

malencontreux (-se)   *unfortunate*

manquant   *missing*

*Expressions*

ailleurs   *elsewhere*

à l'exception de   *except for*

C.A.F. (coût, assurance, frêt)   *C.I.F. (cost, insurance, freight)*

conforme à   *in accordance with*

en temps utile   *in good time*

indépendant de votre (notre) volonté   *beyond your (our) control*

par erreur   *by mistake*

## Exercices

1.   Ecrivez une lettre de réclamation pour une raison de votre choix.
2.   Répondez à cette lettre de réclamation.

# 9. Les règlements

## Envoi de quittance

---

Beaune, le 6 octobre 19___

Mademoiselle THELLIER Agnès
40, Main Ave.
NORWALK, CT 06854

Mademoiselle et chère Sociétaire,

Je vous serais très obligé de bien vouloir me couvrir des quittances ci-après que je détiens pour votre compte soit par versement à mon C.C.P. DIJON 681-73 P, soit par tout autre moyen à votre convenance:

Incendie[1]—Police en date du 27.06.___
Quittance du 27.06.___ au 27.06.___ ....................276,63 Fr*
Quittance du 27.06.___ au 27.06.___......................300,97
                                                          ‾‾‾‾‾‾
                                                         577,60 Fr

En vous remerciant à l'avance, je vous prie de croire, Mademoiselle et chère Sociétaire, à l'assurance de mes sentiments dévoués et les meilleurs.

*a. Boursot*

---
[1]fire

*Notez qu'en français, le point s'emploie pour séparer les milliers dans un nombre écrit en chiffres, et la virgule pour en indiquer la partie décimale: 100.000 = 100,000; 1590,50 = 1,590.50

**Envoi de facture à l'étranger**

---

Cher Monsieur,

Nous avons l'honneur de vous envoyer ci-joint notre facture No 789, pour les romans canadiens que vous nous avez commandés il y a trois semaines. Nous apprécierons votre paiement en dollars canadiens, par l'intermédiaire de la Société Générale, Services Etrangers et Outre-Mer,[1] à notre banque, la Banque de Montréal.

Je suis heureux de vous avoir rencontrés, vous et Monsieur Barbeau, à Francfort, et d'avoir pu faire des affaires avec vous. Espérant pouvoir vous rendre service à nouveau dans l'avenir, je vous prie de recevoir, cher Monsieur, mes sentiments les plus cordiaux.

P.J. 1                          *Jean - Luc Levesque*

---

[1]Foreign and Overseas Services

**Paiement direct par chèque**

---

Monsieur,

En règlement de votre facture du 6 octobre, je vous envoie ci-inclus un chèque de 577,60 F sur la Banque Nationale de Paris.

Veuillez m'en accuser réception et me retourner votre relevé de compte acquitté.

Recevez, Monsieur, mes salutations distinguées.

P.J. 1                          *Marie Dufresne*

## Réponse

---

Mademoiselle,

Nous vous accusons réception de votre lettre du 10 octobre et du chèque de 577,60 F qui l'accompagnait, en règlement de notre facture du 6 octobre et pour solde de votre compte. Vous trouverez ci-inclus notre relevé acquitté.

Avec nos remerciements, veuillez agréer, Mademoiselle, l'expression de nos sentiments les plus distingués.

P.J. 1

*P. Lalonde*

## Compte en retard

---

Monsieur et cher client,

Nous avons remarqué, en balançant nos écritures, que votre compte présentait un solde débiteur de 10.500 F, qui représente le montant de votre facture du 15 décembre dernier.

Nos conditions de paiement étant de 30 jours 3% ou 90 jours net, nous avons annulé l'escompte. Nous sommes surpris de n'avoir pas encore reçu votre règlement, mais nous nous contenterons cette fois-ci de vous demander instamment de nous régler avant le 1er avril.

Dans cette attente, nous vous prions, Monsieur, de recevoir nos salutations les meilleures.

*Paul Magaud*

# VOCABULAIRE
## (Les règlements)

*Verbes*

accompagner   *to come with*
se contenter de   *to be content with*
détenir   *to hold*
faire des affaires   *to do business*
retourner   *to send back, return*

*Noms*

les écritures *(f.)*   *bookkeeping*
l'escompte *(m.)*   *discount*
le moyen   *means*
la police d'assurance   *insurance policy*
la quittance   *bill*
le règlement   *settlement, payment*
le relevé de compte   *statement of account*
le/la sociétaire   *member*

le solde   *balance*
le versement   *payment*

*Adjectifs*

acquitté   *paid off*
débiteur   *debit*
net   *net*
prévu   *planned, foreseen*

*Expressions*

à nouveau   *again*
à votre convenance   *according to your preference*
cette fois-ci   *this time*
ci-après   *below*
dans l'avenir   *in the future*
instamment   *insistently*
par l'intermédiaire   *through the intermediary of*
pourcent   *percent*

## Exercices

1.  Envoyez une lettre pour régler une facture.
2.  Ecrivez une lettre de rappel au sujet d'un compte en retard.

# 10. Les télex et les télégrammes

## Les télex

### Modification de commande

---

ATTENTION: MME J. LAPORTE

REF: NOTRE COMMANDE DU 17 COURANT.

AVONS COMMANDE 100 POSTES DE TELEVISION EN COULEURS
ET 20 POSTES EN NOIR EN BLANC, MODELE COURANT. REFER-
ENCE TEL./PH/45. CHANGEMENT DE LA DEMANDE NOUS
FORCE A DEMANDER MODIFICATION DE LA COMMANDE.
NOUVELLE COMMANDE: 80 POSTES EN COULEURS ET 40
POSTES EN NOIR ET BLANC. VOUS PRIONS DE CONFIRMER LA
MODIFICATION DE COMMANDE. REPONSE URGENTE. SALU-
TATIONS.

C. JOUBERT

### Réponse

---

ATTENTION: C. JOUBERT

REF: VOTRE TELEX DE CE JOUR CONCERNANT VOTRE COM-
MANDE DU 17 COURANT.

NOUS REGRETTONS DE NE PAS POUVOIR ACCEPTER LA
MODIFICATION QUE VOUS DEMANDEZ. NOUS AVONS COM-
MENCE LA FABRICATION DES 100 POSTES EN COULEURS.
NOUS POUVONS DELIVRER 40 POSTES EN NOIR ET BLANC
DANS LES DELAIS PREVUS. REPONSE URGENTE. SALUTA-
TIONS.

J. LAPORTE

# *Les télégrammes*

**Arrivée d'un cadre supérieur**

---

S.A. TOUVABIEN 149 RUE DES CANUTS 69008 LYON
ARRIVE LYON PAR T.G.V. MARDI 15 H 30 PRIERE ENVOYER
VOITURE ET CHAUFFEUR AURAI BESOIN CHAMBRE HOTEL
SOFITEL PRES BUREAUX J.-M. DESMOULINS P.-D.G.

*Traduction:*

J'arrive à Lyon par le T.G.V., mardi à 15 h. 30. Prière d'envoyer une voiture
et un chauffeur. J'aurai besoin d'une chambre à l'hôtel Sofitel près des
bureaux. Signature: J.-M. Desmoulins, P.-D.G.

**Demande d'envoi de toute urgence**

---

S.A. TOUVABIEN 29 RUE DES ANGES 75005 PARIS
PRIERE ENVOYER DE TOUTE URGENCE NOUVEAUX ECHAN-
TILLONS A SUCCURSALE LYON ANALYSES NECESSAIRES
AVANT VENTE A L'ETRANGER   S.A. TOUVABIEN LYON

*Traduction:*

Prière d'envoyer de toute urgence les nouveaux échantillons à la Succursale
de Lyon. Des analyses sont nécessaires avant la vente à l'étranger.
S. A. Touvabien Lyon

## Annulation de commande

---

REGRETTONS DEVOIR ANNULER COMMANDE DU 4.08 VOUS DEMANDONS DELAI DE DEUX SEMAINES LETTRE SUIT  J.-M. DESMOULINS S.A. TOUVABIEN

*Traduction:*

Nous regrettons de devoir annuler votre commande du 4 août. Nous vous demandons un délai de deux semaines. Une lettre suit. J.-M. Desmoulins S.A. Touvabien

## VOCABULAIRE
(Les télex et les télégrammes)

*Verbes*
arrêter  *to stop*
forcer  *to compel*

*Noms*
l'analyse *(f.)  analysis*
l'annulation *(f.)  cancellation*
le cadre supérieur  *senior executive*
le délai  *time limit*
la demande  *request, demand*
l'échantillon *(m.)  sample*
la fabrication  *manufacturing*
le P.-D.G. (Président-Directeur Général)  *(President, Chairman of the Board)*

le poste de télévision  *TV set*
le T.G.V. (Train à grande vitesse)  *very rapid train*

*Adjectif*
courant  *standard*

*Expressions*
de toute urgence  *with utmost urgency*
en couleur  *in color*
en noir et blanc  *in black and white*

## Exercices

1.  Ecrivez un télex pour passer une commande.
2.  Envoyez un télégramme pour annoncer votre arrivée.

# Abréviations

**a/s** Aux soins de
**bd** Boulevard
**B.P.** Boîte postale
**B.T.S.** Baccalauréat de technicien supérieur
**C.A.F.** Coût, assurance, frêt
**cat.** Catalogue
**C.C.P.** Compte courant postal
**CEDEX** Courrier d'entreprise à distribution exceptionnelle
**Cie** Compagnie
**cm** Centimètre
**Dr** Docteur
**E.** Est
**etc.** Et cetera
**E.-U.** (*ou* **U.S.A.**) Etats-Unis
**FF** Franc français
**FB** Franc belge
**fbg** Faubourg
**Fco** Franco *(F.O.B.)*
**FS** Franc suisse
**gr** Gramme
**kilo** (*ou* **kg**) Kilogramme
**km** Kilomètre
**m** Mètre
**M.** Monsieur
**Mgr** Monseigneur
**Mlle** Mademoiselle
**MM.** Messieurs
**Mme** Madame
**N.** Nord
**No** Numéro

**O.** Ouest
**O.N.U.** Organisation des Nations unies
**P.-D.G.** Président-Directeur Général
**p.j.** pièce jointe
**P.M.E.** Petites et moyennes entreprises
**P.S.** post-scriptum
**Q.G.** Quartier général
**R.F.** République française
**R.G.** Renseignements généraux
**R.S.V.P.** Répondez, s'il vous plaît
**S.** Sud
**S.A.** Société anonyme
**S.A.R.L.** Société anonyme à responsabilité limitée
**S.E.** Son Excellence
**S.Em.** Son Eminence (un cardinal)
**S.J.** Société de Jésus
**S.M.** Sa Majesté
**S.N.C.F.** Société nationale des chemins de fer
**S.R.** Service de renseignements
**S.S.** Sa Sainteté (le Pape)
**T.G.V.** Train à grande vitesse
**U.R.S.S.** Union des républiques socialistes soviétiques

# Vocabulaire
# Français-Anglais

## A

**à** to
**abonder** to abound
**d'abord** first
**accéder à une demande** to grant
  a request
**accepter** to accept
**l'accès** *(m.)* access
**accompagner** to accompany,
  come with
**l'accord** *(m.)* agreement *d'accord*
  OK, agreed
**accorder** to grant
**l'accueil** *(m.)* welcome, reception
**accuser réception de** to
  acknowledge receipt of
**l'achat** *(m.)* purchase
**acheter** to buy
**achever** to finish, complete
**acquitté** paid off
**l'acte** *(m.)* **de naissance** birth
  certificate
**actuel, -le** present
**actuellement** at present
**adhérer** to abide by
**l'adjectif** *(m.)* adjective
**administratif, -ve** administrative
**admirer** to admire
**l'adresse** *(f.)* address
**adresser** to address; to send
**s'adresser à** to address (someone)
**aérien, -ne** by air
**l'affaire** *(f.)* business venture
**les affaires** *(f.)* business *la lettre*
  *d'affaires* business letter *pour*
  *affaires* on business
**affectueusement** affectionately
**affectueux, -se** affectionate
**l'Afrique** *(f.)* Africa
**l'agence** *(f.)* agency
**s'agir de** to be a matter of
**agréable** pleasant
**agréer** to accept

**aider** to help
**ailleurs** elsewhere *d'ailleurs* in any
  case *par ailleurs* furthermore
**aimer** to love, like
**j'aimerais** I would like
**aîné** oldest
**ainsi** thus
**ainsi que** as well as
**ajouter** to add
**l'alinéa** *(m.)* paragraph indentation
**aller** to go *aller bien* to be well *aller*
  *chercher (quelqu'un)* to go to meet
  (someone), to go and get
  (someone or something) *aller à*
  *la pêche* to go fishing *aller pêcher*
  to go fishing
**l'allocation** *(f.)* **de chômage**
  unemployment benefits
**l'allure** *(f.)* bearing
**alors** then, so
**l'ambassade** *(f.)* embassy
**l'ambassadeur** *(m.)* ambassador
**ambitieux, -se** ambitious
**l'Américain** *(m.)* American
**l'Amérique** *(f.)* America
**l'ami, -e** friend
**amical, (pl. -aux)** friendly
**amicalement** in a friendly way
**l'amitié** *(f.)* friendship
**s'amuser** to have fun, a good time
**l'an** *(m.)* year *le Nouvel An* New Year
  *avoir . . . ans* to be . . . years old
  *par an* per year
**l'analyse** *(f.)* analysis
**analyser** to analyze
**ancien, -ne** former; previous
**anglais** English
**l'année** *(f.)* year
**l'anniversaire** *(m.)* birthday *bon*
  *anniversaire* Happy Birthday
  *l'anniversaire de mariage*
  wedding anniversary

**annoncer** to announce
**l'annonce** *(f.)* announcement *la petite annonce* newspaper ad
**annuel, -le** yearly
**l'annulation** *(f.)* cancellation
**annuler** to cancel
**anonyme** anonymous
**anormal** abnormal
**anticipé** anticipated; in advance
**août** August
**apatride** stateless (person)
**l'appareil** *(m.)* appliance
**l'apparence** *(f.)* appearance
**l'appel** *(m.)* greeting (name of a person at the beginning of a letter)
**s'appeler** to be called
**apporter** to bring
**apposer** to affix
**apprécier** to appreciate
**approprié** appropriate
**appuyer** to press
**après** after *d'après* according to
**l'après-midi** *(m. f.)* afternoon
**l'argent** *(m.)* money *à court d'argent* short of cash
**s'arranger pour** to find a way
**arrêter** to stop
**les arrhes** *(f.)* deposit
**l'arrière-grand-mère** *(f.)* great-grandmother
**l'arrivée** *(f.)* arrival
**arriver** to arrive *il arrive* it happens
**l'article** *(m.)* item
**assez** enough
**l'assistant, l'assistante** assistant
**assister à** to attend
**assumer** to take on
**l'astérisque** *(m.)* asterisk
**attendre** to wait, expect *en attendant* meanwhile
**s'attendre à** to expect (something)
**l'attente** *(f.)* waiting *dans l'attente de* looking forward to, while waiting for
**à l'attention de** Attention:
**l'attestation** *(f.)* certificate
**attirer** to attract *attirer l'attention de* to draw (someone's) attention to
**attristé** saddened
**attrister** to sadden
**au, aux** to the, at the
**au-dessous** below
**au-dessus** above
**aujourd'hui** today

**auparavant** previously
**aussi** also; too; therefore
**aussi . . . que** as . . . as
**autant** as much
**l'auteur** *(m.)* author
**l'autorisation** *(f.)* authorization
**autoriser** to authorize
**autour de** around
**autre** other
**à l'avance** in advance
**l'avancement** *(m.)* promotion
**avancer** to advance
**avant** before
**avantageux, -se** attractive
**avec** with
**l'avenir** *(m.)* future *dans l'avenir* in the future
**l'avion** *(m.)* airplane *par avion* air mail
**l'avis** *(m.)* notice
**avoir** to have *il y a* there is, there are *avoir besoin* to need *avoir la douleur de* to have the sorrow to *avoir envie de* to want to *avoir l'honneur de* to have the honor to *avoir l'intention de* to intend (to) *avoir la joie de* to have the pleasure to *avoir lieu* to take place *avoir plaisir à* to be pleased to *avoir raison* to be right *avoir le regret de* to regret
**avril** April

## B

**le bachelier** person who has passed the *baccalauréat* exam
**le bail** lease
**le baiser** kiss
**la balade** walk
**balançant** balancing
**bancaire** bank, banking
**en banlieue** in the suburbs
**la banque** bank
**le baptême** baptism
**barrer** to cross
**bas** low *plus bas* lower *en bas* at the bottom
**beau** handsome
**beaucoup** a lot *beaucoup de* many
**la beauté** beauty
**le bébé** baby

le **bénéficiaire** beneficiary
le **besoin** need *au besoin* if need be
la **bibliothèque** library
la **bicyclette** bicycle
**bien** well, very *bien des* many
**bientôt** soon
la **bienveillance** kindness
**biffer** to cross out
la **biographie** biography
**blanc, blanche** white
le **blanc** blank, space *en blanc* blank
**bleu** blue
la **boîte postale (B.P.)** Post Office Box
**bon, bonne** good *bon courage* have courage
le **bon de commande** order form
le **bonbon acidulé** acid-fruit candy
le **bonheur** happiness
la **bonté** goodness, kindness
**bouleverser** to distress
le **bras** arm
**bref, brève** brief
**brun** dark-haired
le **bulletin de commande** order form
le **bureau de vente** sales office

## C

**ça** it
le **cachet** stamp
**cachottier, -ère** secretive
le **cadeau** gift
le **cadre** box (on a document)
**C.A.F.** *(coût, assurance, frêt)* C.I.F. *(cost, insurance, freight)*
le **cadre supérieur** senior executive
la **caisse** box
le **calendrier** calendar
**calme** calm
**canadien, -ne** Canadian
le **capital** *(pl.* **-aux)** capital
**car** because
le **carnet de chèques** checkbook *(Br.* chequebook)
le **carreau** (floor) tile
la **carte** card *la carte de crédit* credit card
le **cas** case *en cas de retour* in case of return
**cassé** broken
le **catalogue** catalog
la **catégorie** category

**ceci** this
**céder** to sell, dispose of
le **CEDEX** *(Courrier d'entreprise à distribution exceptionnelle)* business mail
**cela** that
**célébrer** to celebrate
**célibataire** bachelor, single
**celle** *(f.)* that, this *celle-ci* this one
**celui** *(m.)* that, this *celui-ci* this one
**cent** hundred
le **centre** center
**cependant** however
**ce que** that which, what
**ce qui** that which, what
la **cérémonie** ceremony
**certain** some
le **certificat** certificate
**ces** *(m. f.)* these, those
la **cession** transfer
**c'est** it is
**c'est-à-dire** that is to say
**cet** *(m.)* **cette** *(f.)* this, that
**ceux** those, these
**chacun** each one
le **chagrin** grief
**chahuter** to create an uproar
**chaleureux, -se** hearty
la **chambre** bedroom
la **chance** luck
le **changement** change
le **chapitre** chapter
**chaque** each
le **chargement** freight, cargo
**charger (quelqu'un) de** to put (someone) in charge of
**charmant** charming
le **chat** cat
le **chauffage** heating
la **chaussure** shoe
le **chef de service** department head
le **chèque** check *(Br.* cheque)
  *le chèque postal* post office check *(Br.* cheque)
**cher, -ère** dear
le **chercheur** researcher
**chéri** darling
**chez (quelqu'un)** at (someone's) home
le **chiffre** numeral
le **chimiste** chemist
**choisir** to choose
le **choix** choice
le **chômage** unemployment
la **chose** thing

**ci-après** following
**ci-dessous** below
**ci-inclus** enclosed
**ci-joint** enclosed
**le cinéma** movie theater
**cinquante** fifty
**la circonstance** circumstance
**la circulaire** circular
**la citation** quotation
**cité** quoted
**clair** clear
**la classe** class
**le classement** filing system
**le client** customer, client
**le code postal** zip code
**à cœur ouvert** heart-to-heart
**coïncider** to coincide
**la colère** anger
**le collègue** colleague
**combattre** to fight
**combien** how much
**combiné** combined
**comblé** overjoyed
**commander** to order
**comme** as; such as; like *comme sulte à* following
**le commencement** beginning
**commencer** to begin, start
**comment** how
**le commentaire** commentary
**le commerçant** shopkeeper
**le commerce** trade, business
**commettre** to commit
**commun** common *en commun* in common
**la commune** township
**communiquer** to inform
**la compagnie** company *la compagnie de navigation* shipping company
**complémentaire** additional
**compléter** to complete
**le compliment** compliment, regards
**se composer de** to be composed of
**comprendre** to understand
**compris** included *y compris* including *non compris* not included
**le comptant** cash
**le compte** account *le compte courant* checking account *(Br. current account) le compte courant postal (C.C.P.)* postal checking account *(Br. postal*

current account) *le compte en banque* bank account *le compte sur livret* savings account
**compter** to count *à compter de* starting from (date)
**concernant** concerning
**concevoir** *(p.p. conçu)* to conceive
**le concours** competitive exam
**le conditionnel** conditional mood
**la conduite** behavior
**la confiance** confidence
**confirmer** to confirm
**conforme à** in accordance with
**conformément à** in accordance with
**tout confort** with modern comfort
**le conjoint** spouse
**la conjugaison** conjugation
**la connaissance** knowledge
**le connaissement** bill of lading
**connaître** to know
**se connaître** to know one another
**le conseil** advice
**par conséquent** consequently, therefore
**la considération** esteem, respect
**constamment** constantly
**constater** to point out
**constituer** to constitute
**la construction** building
**consulter** to consult
**contenir** to contain
**content** glad
**se contenter de** to be content with
**le contenu** content
**continuer** to continue
**contrairement à** contrary to
**le contrat** contract
**par contre** on the other hand
**le contretemps** hitch
**convaincre** to convince
**à votre convenance** according to your preference; at your convenience
**convenir à** to be suitable (to)
**convenu** agreed upon
**le copain** pal, male friend
**la copine** pal, female friend
**cordialement** cordially
**le corps de la lettre** body of the letter
**correctement** correctly
**la correspondance** correspondence

le **correspondant** correspondent,
  pen pal
**correspondant** corresponding
**correspondre** to correspond, write
**corriger** to correct
le **côté** side *d'un autre côté* on the
  other side
la **cotisation** dues
**coucher** to sleep in
la **couleur** color *en couleurs* in color
le **coup** shock *le coup de fil*
  telephone call *le coup de
  téléphone* telephone call
**couper** to cut
le **coupon-réponse** reply coupon
**courant** of this month; fluent;
  current, standard *dans le courant
  de* during
le **courrier** mail
le **Courrier du Cœur** Dear Abby
  letters *(Br.* agony aunt
  letters)
**au cours de** during
**en cours de** in the process of
**court** short
**courtois** courteous
**au prix coûtant** at cost
**coûter** to cost
la **couturière** seamstress
la **couverture de laine** wool blanket
**couvrir** to cover
la **créativité** creativity
**créer** to create
les **crochets** *(m.)* square brackets
**croire** to believe
la **cuisine** kitchen
**cuisiner** to cook
**culturel, -le** cultural
le **curriculum vitae** résumé

## D

**daigner** to deign to, be good enough
  to
**dans** in
**de (d')** of; from
**débité** retailed
**débiteur** debit
**déborder** to go beyond (limits)
le **début** beginning
le **décès** death

**déclarer** to state
**se déclarer** to make a declaration of
  one's love
**se décommander** to cancel an
  appointment
le **décor** scenery
**découvrir** to discover
**décrit** described
le **défaut** defect, shortcoming
**défavorable** unfavorable
**dégoûté** disgusted
le **degré** degree
**déjà** already
**déjeuner** to lunch
le **petit déjeuner** breakfast
le **délai** delay; time limit
la **délivrance** delivery
**délivrer** to issue
**demain** tomorrow *dès demain* by
  tomorrow
la **demande** request; demand
la **demande d'emploi** situation-
  wanted ad
**demander** to ask, request
**se demander** to ask oneself
**déménager** to move
**démuni** impoverished, without
  money
le **départ** departure
**dépenser** to spend
**se déplacer** to move around, travel
**déposer** to deposit
le **dépôt** deposit
**depuis** for; since
**dernier, -ère** last
**désappointer** to disappoint
**désastreux, -se** disastrous
la **désignation** name
**désirer** to want
**désolé** sorry
**désorienté** disoriented
**désormais** from now on
**dès que** as soon as
le **destinataire** addressee
**détenir** to hold
**deux** two
**deuxième** second
**devenir** to become
la **devise** currency
**devoir** must; to have to; will; to owe
le **devoir** written homework
**dévoué** devoted

**le dictionnaire** dictionary
**dimanche** Sunday
**doit** *see* **devoir**
**difficile** difficult
**dire** to say
**le directeur, la directrice** director
**le discours** discourse, speech
**discuter** to discuss
**dispensé de** exempt from
**disposer de** to have at one's disposal
**distingué** distinguished
**distraire** to entertain
**divers** various
**dix** ten
**le dock** dock, warehouse
**à domicile** at home, at a firm's registered address
**domicilié** residing
**le don** gift
**donc** thus
**donner** to give *donner suite (à)* to follow up (on) *donner sur* to have a view on
**dont** (of) which
**le dossier** file, dossier
**la douane** custom office
**la douche** shower
**la douleur** pain *avoir la douleur de* to have the sorrow to
**douter** to doubt
**se douter de (quelque chose)** to suspect (something)
**douze** twelve
**à droite** on the right
**dûment** duly
**dur** hard
**la durée** duration, period of time
**durer** to last

## E

**l'échantillon** *(m.)* sample
**l'échelon** *(m.)* level
**écœuré** nauseated, disgusted
**l'école** *(f.)* school *la Grande Ecole* any prestigious state-run school of university level
**économique** economic
**écrasé** smashed
**écrire** to write
**l'écriture** *(f.)* handwriting *les écritures* bookkeeping

**effectuer** to carry out; to make (a payment)
**l'effet** *(m.)* effect *en effet* indeed
**s'efforcer de** to endeavor to
**égal** equal
**également** equally
**égaré** misplaced
**l'église** *(f.)* church
**électro-ménager, -ère** household electric
**élégant** smart-looking
**l'élève** *(m. f.)* pupil, student
**elle** she; her
**embarrasser** to embarrass
**embelli** made more attractive
**embrasser** to kiss
**emmener (quelqu'un quelque part)** to take (someone somewhere)
**l'empêchement** *(m.)* hitch
**l'emploi** *(m.)* usage, use; employment
**l'employé, -e** employee
**employer** to use
**s'employer** to be used
**s'employer à** to devote oneself to
**l'employeur** *(m.)* employer
**emporter** to take out (something)
**empressé** attentive, assiduous
**s'empresser de** to hasten to
**emprunter** to borrow
**en** in; of it
**enchanté** delighted
**encore** yet; again; even
**encourager** to encourage
**l'encre** *(f.)* ink
**l'endroit** *(m.)* place, spot
**énervé** irritated
**l'enfant** *(m.)* child
**l'engagement** *(m.)* agreement
**enjoué** playful
**l'ennemi** *(m.)* enemy
**s'ennuyer** to be bored
**l'enquête** *(f.)* inquiry
**ensemble** together
**ensuite** then
**s'ensuivre** to follow, ensue
**s'entendre** to get along
**entendre dire que** to hear it said that
**entendre faire** to intend to do
**l'en-tête** *(m.)* letterhead
**entier, -ère** whole; entire

**entourer** to surround
**entre** between
**l'entrée** *(f.)* **en matière** introduction
**l'entrepôt** *(m.)* warehouse
**l'entreprise** *(f.)* firm
**entrer** to go in
**l'entrevue** *(f.)* interview
**l'enveloppe** *(f.)* envelope
**envers** toward
**environ** about
**les environs** *(m.)* vicinity
**l'envoi** *(m.)* shipment
**envoyer** to send
**s'épiler** to pluck one's hair
**l'époux, l'épouse** spouse
**épuisé** exhausted
**équipé** equipped
**l'erreur** *(f.)* error, mistake *par erreur* by mistake
**escalader** to climb
**l'escompte** *(m.)* discount
**l'espace** *(m.)* space
**espagnol** Spanish
**espérer** to hope
**dans l'espoir (que) (de)** in the hope (that) (of)
**l'esprit** *(m.)* wit, spirit
**essayer** to try
**l'est** *(m.)* east
**établi** established
**établir** to establish
**l'établissement** *(m.)* establishment
**étant** being
**l'état** *(m.)* state *en bon état* in good condition
**les Etats-Unis** *(m.)* United States
**l'été** *(m.)* summer
**éternellement** forever
**l'étiquette** *(f.)* etiquette (rules of social behavior)
**étranger, -ère** foreign *à l'étranger* in a foreign country
**être** to be *être admis* to be admitted *être amoureux, -se de* to be in love with *être en fonds* to have money *être en mesure de* to be able to, to be in a position to *être obligé à (quelqu'un)* to be (most) obliged (to someone) *être persuadé de* to be convinced of *être aux petits soins pour* to lavish attention on

(someone) *être pris* to be busy *être reconnaissant de* to be grateful for *être au regret de* to regret to have to *être renversé* to be flabbergasted *être en retard* to be late
**étroit** narrow *à l'étroit* cramped
**l'étude** *(f.)* study
**l'étudiant, -e** student
**s'évader de** to escape from
**l'examen** *(m.)* examination
**examiner** to examine
**à l'exception de** except for
**exclusivement** exclusively
**l'excursion** *(f.)* walk, hike
**s'excuser** to excuse oneself
**l'exemplaire** *(m.)* copy
**par exemple** for example
**l'exercice** *(m.)* exercise
**expédier** to dispatch, send
**l'expéditeur** *(m.)* sender
**l'expédition** *(f.)* dispatch, shipping
**expirer** to expire
**expliquer** to explain
**exprimant** expressing
**exprimer** to express
**l'extrait** *(m.)* excerpt

### F

**la fabrication** manufacturing
**la fac (faculté)** faculty (part of a university)
**de face** full-face
**facile** easy
**la façon** manner
**la facture** bill
**faire** to make, do *faire des affaires* to do business *faire attention* to pay attention *faire des avances à (quelqu'un)* to make overtures to (someone) *faire une balade* to go for a walk *faire des compliments (de)* to pay a compliment (about) *faire la connaissance de (quelqu'un)* to get acquainted with (someone) *faire des courses* to go shopping *faire domicilier* to have

(something) assigned to *faire des études* to study *faire faire* to have (something) done *faire la faveur de* to be so kind to *faire fête à (quelqu'un)* to give (someone) a warm welcome *faire du jardinage* to do gardening *faire obstacle à* to hinder (something) *faire l'objet de* to be the subject of *faire part de* to announce *faire partie de* to be part of *faire parvenir* to send *faire de la peine à (quelqu'un)* to hurt (someone) *faire plaisir* to please *faire porter (une somme d'argent)* to enter (a sum of money) *faire des recherches* to research, inquire; *faire réciter* to have (someone) recite *faire remarquer* to point out, draw attention to *faire des remontrances* to reprove, reprimand *faire savoir* to let (someone) know *faire sentir* to make (someone) feel *faire du ski de fond* to go cross-country skiing *faire suite à* to follow upon *faire suivre* to forward

**se faire une fête de** to look forward to *se faire gronder* to get scolded *se faire un plaisir de* to be happy to

**le faire-part** announcement

**le fait** fact *de ce fait* because of it

**familier, -ère** informal

**la famille** family

**il faut** one must *il faut que* it is necessary that

**la faute** mistake, error; fault

**les félicitations** *(f.)* congratulations

**féliciter** to congratulate

**se féliciter (de)** to be very pleased (with)

**la femme** woman; wife

**la femme de ménage** maid

**fermer** to close

**la fête** holiday; saint's day, name day

**fêter** to celebrate

**la feuille** sheet

**février** February

**se fiancer** to get engaged

**le fichier** file

**fidèle** faithful

**la fille** daughter; girl

**le fils** son

**fin** refined

**la fin** end

**financier, -ère** financial

**la fiche** (index) card

**finir** to end, finish

**fixer** to fix

**la foire** fair

**la fois** time *une fois* once *deux fois* twice *cette fois-ci* this time

**les folies** *(f.)* extravagance

**le fonctionnement** operation

**le fond** content

**fondé** founded

**forcer** to compel

**la forêt** forest

**la formation** training

**la forme** form

**formel, -le** formal

**formidable** fantastic

**le formulaire** form

**la formule de politesse** letter ending, polite phrase

**fournir** to furnish

**la fraîcheur** freshness

**les frais** *(m.)* charges

**français** French

**frapper** to strike

**le frère** brother

**furieux, -se** furious

**le futur** future tense

## G

**gâcher** to spoil

**gagner** to earn

**le garçon** boy

**garder** to keep

**la gare** railroad station

**à gauche** on the left

**généreux, -se** generous

**le genre** kind *du genre* of the type
**les gens** *(m.)* people
**gentil, -le** nice
**gentiment** nicely
**gérer** to manage
**la gestion** management
**se glisser** to creep into
**le goût** taste
**la grammaire** grammar
**grand** large; great; tall
**grandir** to grow up
**la grand-mère** grandmother
**le grand-père** grandfather
**gravé** engraved
**la grève** strike
**gris** gray
**gros, -se** big
**groupé** grouped
**guérir** to cure
**le guichet** bank window
**les guillemets** quotation marks

## H

**s'habiller** to dress, wear clothes
**habiter** to live
**l'habitude** *(f.)* habit *d'habitude* usually *comme d'habitude* as usual
**habituel** usual
**en haut** at the top
**plus haut** above
**l'herbe** *(f.)* grass
**l'heure** *(f.)* hour
**hier** yesterday
**historique** historical
**l'hiver** *(m.)* winter
**les hommages** *(m.)* respects
**l'homme** *(m.)* man
**honorer** to honor
**l'hôpital** *(m.)* hospital
**l'hôtel** *(m.)* hotel
**huit** eight

## I

**ici** here
**l'idée** *(f.)* idea
**il y a** there is, there are; *(time)* ago
**imaginaire** imaginary

**immédiatement** immediately
**l'immeuble** *(m.)* apartment building
**l'immobilier** *(m.)* real estate
**l'imparfait** *(m.)* imperfect tense
**importuner** to bother
**l'impossibilité** *(f.)* impossibility
**imprimé** printed
**inchangé** unchanged
**inclure** to include
**incomber à** to be the responsibility of
**l'inconvénient** *(m.)* inconvenience
**indépendant de notre (votre) volonté** beyond our (your) control
**l'indication** *(f.)* information
**indiquer** to indicate; to suggest
**l'industrie** *(f.)* industry
**l'inférieur, l'inférieure** inferior
**informer** to inform
**l'initiale** *(f.)* initial
**s'inquiéter de** to worry about
**l'inscription** *(f.)* registration
**insensible** insensitive
**insérer** to insert
**instamment** insistently
**d'intention** in intention
**intéressant** interesting
**par l'intermédiaire de** through the intermediary of
**l'intervalle** *(m.)* interval
**l'intimité** *(f.)* intimacy
**l'invité, -e** guest

## J

**jamais** never
**janvier** January
**le jardin** garden
**jeune** young
**la jeune fille** young lady
**le jeune homme** young man
**la jeunesse** youth
**joindre** to enclose
**se joindre à** to join (someone)
**joli** pretty
**jouer** to play *jouer aux boules* to bowl (French bowling) *jouer au tennis* to play tennis
**le jour** day *tous les jours* every day

**la journée** day *toute la journée* the whole day
**joyeux, -se** merry
**juillet** July
**le jumeau** twin
**jusqu'à** up to
**juste** fair

**L**

**là** there
**la** *(f.)* the
**la** *(dir. obj.)* it, her
**le laboratoire** laboratory
**le lac** lake
**laisser** to leave
**la langue** language
**laquelle** which
**le** *(m.)* the
**le** *(dir. obj.)* it, him
**la leçon** lesson (oral homework)
**le lecteur** reader
**léger, -ère** light; thoughtless
**la lettre** letter *la lettre de rappel* reminder *la lettre de remerciement* thank-you letter *en toutes lettres* in words, spelled out
**leur** *(m. f.)* their
**leur** *(ind. obj.)* them
**libellé à vos nom et adresse** self-addressed
**libérer** to vacate
**la librairie** bookstore
**libre** free
**la ligne** line
**lire** to read
**lisible** legible
**la littérature** literature
**la livraison** delivery
**le livre** book
**la livre sterling** British pound
**livrer** to deliver
**la location** renting
**la locution** phrase
**le logement** housing, lodging
**le logiciel** computer software
**loin** far
**le loisir** leisure time
**longtemps** a long time
**la longueur** length
**lorsque** when
**louer** to rent

**le loyer** rent
**lui** *(ind. obj.)* him, her
**le lycée** government high school

**M**

**ma** my
**la machine à écrire** typewriter
**Madame** Madam
**Mademoiselle** Miss
**le magasin** store (*Br.* shop) *le grand magasin* department store
**magnifique** magnificent
**mai** May
**maintenant** now
**maintenir** to keep, maintain
**le maire** mayor
**mais** but
**la maison** house, home *à la maison* at home *la maison de campagne* country home *la maison de vente par correspondance* mail-order company
**la majuscule** capital letter
**malencontreux, -se** unfortunate
**malheureusement** unfortunately
**Maman** Mom (*Br.* Mum)
**la manière** manner
**la manif** *(manifestation)* demonstration
**manquant** missing
**manquer** to be missing *manquer à (quelqu'un)* to miss (someone) *ne pas manquer de* to be sure to
**manuscrit** handwritten
**le maquillage** makeup
**se maquiller** to put on makeup
**la marchandise** merchandise
**le marché** market *le marché des changes* Foreign Exchange Market *bon marché* cheap
**mardi** Tuesday
**la marge** margin
**le mari** husband
**le mariage** wedding
**marié** married
**marquer** to mark
**mars** March
**la matinée** morning *dans la matinée* during the morning

**mauvais** bad *en mauvais état* in bad shape
**le médicament** medicine
**meilleur** better *le meilleur* best
**même** *(adj.)* same; *(adv.)* even
**merci** thank you
**mercredi** Wednesday
**la mère** mother
**mériter** to deserve
**mes** *(m. f.)* my
**Messieurs** Gentlemen
**le métier** profession
**le mètre** meter
**le métro** subway
**mettre** to put *mettre à la poste* to mail *mettre en valeur* to highlight
**se mettre** to put (something) on oneself, to wear *se mettre à* to start to
**meublé** furnished
**le microordinateur** microcomputer
**le milieu** middle
**mille** thousand
**mineur** under-age
**minime** minimal; small, paltry
**le ministère** Department
**le ministre** Minister
**le modèle** model
**moi** me *moi-même* myself
**moindre** least
**au moins** at least
**le mois** month *au mois* by the month
**à ce moment-là** at that moment
**mon** *(m.)* my
**le monde** world
**mondial** worldwide
**Monseigneur** Monsignor
**Monsieur** Sir
**le montant** total amount
**se monter à** to amount to
**le mot** word
**le moyen** means
**moyen, -ne** average
**le musée** museum

**N**

**la naissance** birth
**la natation** swimming
**la nationalité** nationality

**naturel, -le** natural
**naturellement** naturally
**né** born
**nécessaire** necessary
**ne . . . pas** not
**n'est-ce pas** is it not?
**ne . . . que** only
**la neige** snow
**ni . . . ni** neither . . . nor
**le niveau** level
**Noël** Christmas
**noir** black *en noir et blanc* in black and white
**le nom** noun; name *le nom propre* proper noun *le nom composé* compound noun *le nom de famille* family name
**le nombre** number
**nombreux, -se** numerous
**non** no; *non plus* either
**le nord** north
**la note** grade
**noter** to notice
**notre** our
**la nourriture** food
**nous** we; us
**nouveau, nouvelle, nouvel** new *à nouveau* again
**les nouvelles** *(f.)* news
**novembre** November
**la nuit** night *la nuit* per night
**le numéro** number
**numéroté** numbered

**O**

**les obligations** *(f.)* duty
**obligatoire** compulsory
**observer** to observe
**obtenir** to obtain
**occuper** to occupy *s'occuper de* to take care of
**l'officier** *(m.)* officer
**l'offre** *(f.)* **d'emploi** help-wanted ad (*Br.* positions vacant advertisement)
**l'offre** *(f.)* **de service** offer of service
**offrir** *(p.p.* **offert)** to offer
**on** one, we, they
**l'oncle** *(m.)* uncle
**en or** golden, gold
**l'ordre** *(m.)* order *d'ordre général* of a general nature

**l'ordre de virement** transfer request
**l'orthographe** *(f.)* spelling
**oser** to dare
**ou** or
**où** where
**ou bien . . . ou bien** either . . . or
**l'oubli** *(m.)* forgetting
**oublier** to forget
**l'ouest** *(m.)* west
**Outre-Mer** Overseas
**l'ouverture** *(f.)* opening
**l'ouvrier, -ère** worker
**ouvrir** to open

## P

**le paiement** payment
**papa** Daddy
**le pape** Pope
**le papier** paper *le papier à lettres* writing paper, stationery *le papier carbone* carbon paper *le papier pelure* onion-skin paper
**le paquet** package
**Pâques** *(f. plur.)* Easter
**par** by; through
**paraître** *(p.p.* **paru)** to appear, seem
**parce que** because
**pardonner** to forgive
**pareil, -le** similar
**la parenthèse** parenthesis
**parfaire** to perfect
**le parrain** godfather
**partager** to share
**particulièrement** especially
**la partie** part
**partiel, -le** partial
**partir** to leave *à partir de* starting with
**partout** everywhere
**paru** published
**le passage** visit
**la passation** entry (bookkeeping)
**le passé simple** preterite
**par le passé** in the past
**passer** to spend (time) *passer par* to pass through *passer le bac* to take the college-qualifying exam *passer une*

**commande** to place an order
**se passer** to happen; to take place
**le pasteur** minister
**le patron** boss
**le pavillon** suburban house
**payer** to pay
**le pays** country
**le P.-D.G.** *(Président-Directeur Général)* President and Chairman of the Board
**peindre** to paint
**pendant** during, for
**pénible** painful
**la pensée** thought, mind
**penser** to think
**la pension de famille** guest house
**perdre** to lose
**le père** father
**la période** period
**permettre** to permit
**se permettre de** to take the liberty of
**le permis de séjour** residence permit
**le permis de travail** work permit
**la personne** person
**personnel, -le** personal *la lettre personnelle* personal letter
**personnellement** personally
**petit** small *le petit-enfant* grandchild *la petite-fille* granddaughter
**un peu** a little *sous peu* in a short time
**à peu près** almost
**peut-être** perhaps
**pharmaceutique** pharmaceutical
**la photo** picture *la photocopie* photocopy
**la pièce** paper, document; room *la pièce jointe* enclosure
**le pique-nique** picnic
**la piscine** swimming pool
**la place** square *sur place* on the spot
**se placer** to be placed
**la plage** beach
**se plaindre de** to complain about
**la plainte** complaint

**se plaire** to like, enjoy
**la plaque d'immatriculation** car registration plate
**sous ce pli** herewith
**le plat** dish *les bons petits plats* succulent dishes
**le plâtre** cast
**pleuvoir** to rain *Il pleut* it's raining
**la plume** pen point
**plus** more *plus* in addition *plus âgé* older *plus tard* later *de plus* also
**plusieurs** several
**le point** period *le point cardinal* cardinal point *les deux points* colon *le point d'exclamation* exclamation point (*Br.* exclamation mark) *le point d'interrogation* question mark *les points de suspension* suspension points *le point-virgule* semicolon *à ce point* to this degree
**la police d'assurance** insurance policy
**la politique** politics
**la ponctuation** punctuation
**le port** harbor *port dû* postage due *port payé* postage-paid
**porter** to carry, bear *porter au crédit de* to credit *porter au débit de* to debit
**se porter bien** to be well, to feel fine *porte-toi bien!* be well!
**poser sa candidature** to apply for a job
**posséder** to possess
**la possibilité** possibility
**la poste** post office
**le poste** position
**le poste de télévision** TV set
**le post-scriptum (P.S.)** postscript
**pour** in order to; for; to
**pourcent** percent
**pour que** so that
**pourquoi** why
**pourtant** however
**pouvoir** *(p.p.* **pu)** to be able to, can
**la pratique** practice
**préalable** preliminary
**précédemment** previously

**précédent** preceding, previous
**précieux, -se** precious
**préciser** to specify
**préféré** favorite
**de préférence** preferably
**préférer** to prefer
**premier, -ère** first
**prendre** to take *prendre connaissance de* to read, get acquainted with *prendre contact avec* to contact (someone) *prendre des photos* to take pictures *prendre rendez-vous* to make an appointment
**le prénom** first name
**près de** near, close to
**le présent** present tense
**présenter** to present *à présenter* to be presented
**se présenter** to introduce oneself
**le Président-Directeur Général (P.-D.G.)** President and Chairman of the Board
**presque** almost
**se presser** to hurry
**le prêt** loan
**les prétentions** *(f.)* expected salary
**prêter** to lend
**prévenir** to let (someone) know
**prévoir** *(p.p.* **prévu)** to anticipate, foresee, plan
**prier** to pray, ask *je vous prie de* please *je vous en prie* please
**prière de** please
**primaire** elementary (school)
**le printemps** spring
**priver de** to deprive of
**privilégié** privileged
**le prix** price *à prix fixe* set price (menu)
**probe** upright, honest
**le problème** problem
**procéder** to proceed
**prochain** next
**prochainement** in the near future
**se procurer** to get hold of; to buy
**le produit** product *le produit de beauté* cosmetic
**le professeur** teacher, professor
**professionnel, -le** professional
**profiter** to benefit

**profond** deep
**le projet** project
**projeter** to plan
**la promenade** walk, stroll
**se promener** to go for a walk
**promettre** *(p.p.* **promis)** to promise
**promouvoir** *(p.p.* **promu)** to promote
**la proposition** offer, proposal
**provisoire** temporary
**provoquer** to cause
**puis** then
**puisque** since
**la puissance** power

## Q

**la qualité** quality; position (in an organization)
**quand** when
**quand même** just the same
**le quartier** (city) district
**la quatrième** French fourth grade (age around 15)
**que** that; as; which
**quel** which
**quelque** few, a few, some
**quelque chose** something
**quelquefois** sometimes
**quelque soit** whatever
**quelqu'un (une)** someone
    *quelqu'un d'autre* someone else
**quelques-uns (-unes)** some of them
**qui** who, which
**quinze** fifteen
**la quittance** bill, receipt
**quitter** to leave

## R

**raconter** to tell
**la raison** reason *la raison sociale* corporate name
**la rame (de papier)** ream (of paper)
**rapide** rapid, swift
**rappeler** to remind
**se rappeler** to recall, remember

**rarement** rarely
**ravi** delighted
**rayer** to cross out
**le rayon de vente** sales department, counter
**réapprovisionner** to restock
**récemment** recently
**à (dès) réception** upon receipt
**recevoir** *(p.p.* **reçu)** to receive; to entertain
**rechercher** to search for
**la réclamation** complaint
**réclamer** to claim, demand
**recommandé** recommended
**en recommandé** registered mail
**recommander** to recommand
**reconnaissant** grateful
**reconnaître** to recognize
**au reçu de** upon receipt of
**récrire** to rewrite
**rectifier** to rectify
**redire** to say again
**réduire** to reduce
**réel, -le** real
**refait neuf** renovated
**la référence** reference
**se référer à** to refer to
**le/la réfugié(e)** refugee
**le refus** refusal
**regarder** to look
**la règle** rule
**le règlement** settlement, payment *en règlement de* in settlement of
**régler** to pay
**regretter** to regret
**régulariser** to straighten out
**la reine** queen
**se réjouir (de)** to rejoice (in)
**relatif, -ve à** relative to
**le relevé de compte** bank statement; statement of account
**religieux, -se** religious
**la remarque** remark
**remarquer** to remark, observe, notice
**rembourser** to reimburse
**les remerciements** *(m.)* thanks
**remercier** to thank
**remettre** to send, deliver
**remettre en état** to repair, mend
**remis** recovered, well again

la **remise** handing over
**rempli** filled
**rencontrer** to meet
le **rendez-vous** appointment
**rendre** to give back *rendre (le) service* to be of help
se **rendre à** to go to
se **rendre compte** to realize
**rendre service à** to do (someone) a favor
**rendre visite à** to pay a visit to
**renouveler** to renew
le **renouvellement** renewal
le **renseignement** information
**renseigner** to inform
la **rentrée** start of the new school year
**rentrer** to go back home
**renvoyer** to send back
la **réparation** repair
le **repas** meal
**répéter** to repeat
**répondre** to answer, reply
la **réponse** answer, reply *en réponse à* in reply to
**reprendre** *(p.p.* **repris)** to take back
le **représentant, la représentante** traveling salesperson
**sans réserve** without reservation, unhesitatingly
**réserver** to make reservations
la **résidence secondaire** country house
la **résiliation** termination
**respectivement** respectively
**respectueux, -se** respectful
**responsable** responsible
la **responsabilité** responsibility
**ressembler à** to look like
**ressentir** to feel
la **ressource** resource
**restant** remaining
du **reste** any way, moreover
le **reste** remaining
**rester** to remain, stay
**restituer** to return (something)
le **rétablissement** recovery
**retarder** to delay
**retenir** to reserve
**retenu** retained
**retirer** to pick up
par **retour du courrier** by return mail

**retourner** to send back, return *retourner (à)* to go back (to)
le **retrait** withdrawal; redemption
**retrouver** to find again
**réuni** reunited
**réussir** to succeed
la **réussite** success
le **rêve** dream
**revenir** to come back
**revoir** to see again
**rien** nothing *rien à voir avec* nothing to do with
**risquer** to risk
la **rivière** river
le **rocher** rock
le **roi** king
le **roman** novel
**rose** pink
**rouge** red
le **rouge à lèvres** lipstick
la **rue** street
le **russe** Russian (language)

## S

**sa** his, her, its
la **S.A.** *(Société anonyme)* company in which the public owns stock (*Br.* public company)
le **sac de couchage** sleeping bag
**saches** *subj.* of **savoir**
**saisir** to seize
la **saison** season
**salarié** salaried
la **salle de bains** bathroom
le **salon de coiffure** beauty salon
**sans** without *sans doute* probably
la **santé** health
la **S.A.R.L.** *(Société anonyme à responsabilité limitée)* corporation (*Br.* limited liability company)
**satisfaire** to satisfy, meet
**sauf que** except that
**savant** learned
**savoir** *(p.p.* **su)** to know
le **savoir-vivre** good breeding
les **sciences** *(f.)* **politiques** political science
**secourir** to assist
le **secteur** sector
**en sécurité** safe
**seize** sixteen

**selon** according to
**la semaine** week *à la semaine* by the week *toute la semaine* the whole week
**sembler** to seem
**le sénateur** senator
**le sens** meaning
**la sensibilité** sensitivity
**sensible** sensitive
**le sentiment** feeling, sentiment
**se sentir bien** to feel well *se sentir soulagé* to feel relieved
**séparément** separately
**séparer** to separate
**septembre** September
**le service** service, favor *le service d'études* research department *le service des ventes* sales department
**servir** to be useful to; to attend to
**ses** his, her, its
**seul** alone
**seulement** only
**si** if; so *si . . . qu'il (elle) soit* no matter how . . . it is
**signaler** to point out
**le signataire** signatory
**la signature** signature
**signer** to sign
**similaire** similar
**sincèrement** sincerely
**la sincérité** sincerity
**simplement** simply
**la situation** job, career
**situé** situated
**le/la sociétaire** member
**la société** company, firm *la Société anonyme (S.A.)* a company in which the public owns stock (*Br.* public company) *la Société anonyme à responsabilité limitée (S.A.R.L.)* corporation (*Br.* limited liability company)
**la sœur** sister
**soi-même** oneself
**le soir** evening
**soit . . . soit** either . . . or
**le solde** balance
**solliciter** to solicit
**la somme** sum
**son** his, her, its
**sophistiqué** affected
**la sorte** type, kind

**sortir** to go out, date
**la souche** stub
**souffrir** to hurt, suffer
**souhaiter** to wish
**soumis à** subject to
**le sourcil** eyebrow
**sous** under
**le souvenir** regards, remembrance
**souvent** often
**spécialement** especially
**le stage** training period
**la statistique** statistics
**le stylo** pen *le stylo à bille* ball-point pen *le stylographe* fountain pen
**subir** to undergo
**le subjonctif** subjunctive mood
**le succès** success
**le successeur** successor
**la succursale** branch
**le sud** south
**suffisant** sufficient
**il suffit** it is sufficient
**suggérer** to suggest
**la suite** succession
**suivant** following
**suivre** to follow *suivre des cours* to take courses
**supérieur** higher
**sur** on, about
**sûr** sure
**surtout** above all
**la syllabe** syllable
**la sympathie** sympathy
**sympathique** nice, likable

## T

**ta** your *(familiar)*
**tant de** so much
**la tante** aunt
**taper à la machine** to typewrite
**le tarif** rate
**le taux d'intérêt** interest rate
**le technicien** technician
**technique** technical
**le teint** complexion
**tel, -le que** such as
**la télé** television
**le télégramme** telegram
**télégraphique** telegraphic
**témoigner** to show, display
**le témoin** best man, witness

**le temps** time *à plein temps* full-time *à mi-temps* part-time *de temps en temps* from time to time *en temps utile* in good time

**le temps** weather *le beau temps* good weather

**tenable** bearable

**tenir de** to take after

**se tenir à la disposition de (quelqu'un)** to be at (someone's) disposal

**terminer** to finish

**se terminer** to end, terminate

**tes** your *(familiar)*

**tête nue** bareheaded

**le T.G.V.** *(Train à grande vitesse)* very rapid train

**le théâtre** theater

**le ticket de retrait** withdrawal coupon

**le timbre** stamp *le timbre-poste* postage stamp

**timbré** stamped

**le tiret** dash

**le titre** title *à titre de* by way of *à titre gratuit* free of charge

**le titulaire** credit-card holder

**toi** you *(familiar)*

**la toile de jean** jeans cloth

**toi-même** yourself *(familiar)*

**ton** your *(familiar)*

**toucher** to cash

**toujours** still

**touristique** touristic

**la tournée** round

**tous** all, everyone *tous deux* both *tous les deux* both of you *en tout cas* in any case

**de tout coeur** with all my heart

**tout en** while

**tout de même** really

**tout le monde** everyone

**de toutes façons** in any case

**de toute urgence** with utmost urgency

**en toutes lettres** spelled out

**la traduction** translation

**le trait d'union** hyphen

**traiter avec** to deal with

**tranquille** quiet

**transmettre** to transmit, pass on

**le transport** transportation

**le travail** work

**travailler** to work *travailler au pair* to work in exchange for room and board

**le travailleur** worker

**travailleur, -se** hardworking

**les travaux** *(m.)* **ménagers** housework

**trente** thirty

**très** very

**le trésorier** treasurer

**trois** three

**trop** too much

**trouver** to find

**se trouver** to find oneself; to be situated, located *il se trouve que* it happens that

## U

**un, une** a

**s'unir à** to unite, join with

**l'université** *(f.)* university

**urbain** urban

**d'urgence** urgently

**l'usine** *(f.)* factory

**usuel, -le** everyday

**utile** useful

**l'utilisation** *(f.)* use

**utiliser** to use

## V

**les vacances** *(f.)* vacation *les grandes vacances* summer vacation

**valable** valid

**valeur déclarée** declared value

**valoir mieux** to be better *il vaut mieux* it's better

**varier** to vary

**vas-y** go ahead

**la vedette** name and address of addressee

**le vélo** bike

**le velours côtelé** corduroy

**vendre** to sell

**venir** to come *venir de* to have just

**le verbe** verb

**la vérité** truth

**véritablement** really, truly

**vers** toward
**le versement** payment
**verser des arrhes** to put down a
  deposit
**le veuf** widower
**veuillez** *(from* **vouloir)** please
**veut** *see* **vouloir**
**la veuve** widow
**vide** empty
**la vie** life
**vieux, vieille** old
**vif, vive** very great, profound
**la villa** an elegant country house
**la ville** city, town
**le vin** wine
**vingt-cinq** twenty-five
**vingt-cinquième** twenty-fifth
**le virement bancaire** credit
  transfer
**virer** to transfer
**la visite** visit
**visiter** to visit
**vite** quickly
**vivement** deeply, greatly
**le vocabulaire** vocabulary

**le vœu (les vœux)** wish
**la voie** way, road
**voilà** here is
**voir** to see
**se voir** to see each other *se voir
  dans l'obligation de* to feel
  obliged to
**la voiture** car
**de vive voix** in person
**vouloir** to want *bien vouloir*
  please *en vouloir à
  (quelqu'un)* to be annoyed
  with (someone)
**le voyage** trip, travel
**voyager** to travel
**la voyelle** vowel
**vrai** true
**vraiment** really
**la vue** view


## Y

**y** there

# Vocabulaire
# Anglais-Français

## A

**(be) able to** être en mesure de
**abound** abonder
**about** environ
**above** au-dessus, plus haut
**accept** accepter, agréer
**access** l'accès *(m.)*
**accompany** accompagner
**(in) accordance with** conforme à, conformément à
**according to** selon, d'après
**account** le compte *bank account* le compte en banque *checking account (Br. current account)* le compte courant *savings account* le compte sur livret
**acknowledge receipt of** accuser réception de
**(get) acquainted with** faire la connaissance de
**(newspaper) ad** la petite annonce
**add** ajouter
**additional** complémentaire
**address** *(v.)* adresser *address (someone)* s'adresser à (quelqu'un)
**address** l'adresse *(f.)*
**addressee** le destinataire
**adjective** l'adjectif *(m.)*
**administrative** administratif, -ve
**admire** admirer
**advance** *(v.)* avancer
**(in) advance** anticipé, à l'avance
**advice** le conseil
**affectionate** affectueux, -se
**affectionately** affectueusement
**Africa** l'Afrique *(f.)*
**after** après
**afternoon** l'après-midi *(m. f.)*
**again** à nouveau
**agency** l'agence *(f.)*

**ago** il y a
**agreed upon** convenu
**agreement** l'accord *(m.)*
**(by) air** aérien, -ne
**(by) air mail** par avion
**airplane** l'avion *(m.)*
**almost** presque, à peu près
**also** aussi, de plus
**ambassador** l'ambassadeur *(m.)*
**ambitious** ambitieux, -se
**America** l'Amérique *(f.)*
**American** l'Américain *(m.)*
**amount to** se monter à
**analysis** l'analyse *(f.)*
**anger** la colère
**announce** annoncer, faire part de
**announcement** l'annonce *(f.)*, le faire-part
**(be) annoyed at** en vouloir à quelqu'un
**anonymous** anonyme
**answer** *(v.)* répondre
**anticipate** prévoir *(p.p.* prévu)
**anticipated** anticipé
**apartment building** l'immeuble *(m.)*
**appear** paraître *(p.p.* paru)
**appearance** l'apparence *(f.)*
**appliance** l'appareil *(m.)*
**apply for a job** poser sa candidature
**appointment** le rendez-vous *make an appointment* prendre rendez-vous
**appreciate** apprécier
**appropriate** approprié
**around** autour de
**arrive** arriver
**as . . . as** aussi . . . que *as much* autant *as well as* ainsi que
**ask** prier

**assist** *(v.)* secourir
**assistant** l'assistant, l'assistante
**asterisk** l'astérique *(m.)*
**attend** assister à
**attend to** servir
**attention** à l'attention de
**attentive** empressé
**attract** attirer
**attractive** avantageux, -se
**author** l'auteur *(m.)*
**authorize** autoriser
**average** moyen, -ne

# B

**baby** le bébé
**bachelor** célibataire
**balance** le solde
**balancing** balançant
**ball-point pen** le stylo à bille
**banking** bancaire
**bank statement** le relevé de compte
**bank window** le guichet
**baptism** le baptême
**bathroom** la salle de bains
**beach** la plage
**bearable** tenable
**beauty** la beauté *beauty salon* le salon de coiffure
**because of it** de ce fait
**bedroom** la chambre
**before** avant
**beginning** le début, le commencement *beginning of the school year* la rentrée
**behavior** la conduite
**being** étant
**believe** croire
**below** au-dessous, ci-dessous
**beneficiary** le bénéficiare
**benefit** *(v.)* profiter
**(unemployment) benefits** l'allocation *(f.)* de chômage
**best man** le témoin
**(be) better** valoir mieux *it's better* il vaut mieux
**bike** le vélo
**bill** la facture, la quittance *bill of lading* le connaissement
**biography** la biographie

**birth** la naissance *birth certificate* l'acte *(m.)* de naissance
**birthday** l'anniversaire *(m.)* *Happy Birthday* Bon Anniversaire
**(in) black and white** en noir et blanc
**blank** le blanc
**body of the letter** le corps de la lettre
**bookkeeping** les écritures *(f.)*
**bookstore** la librairie
**(be) bored** s'ennuyer
**born** né
**borrow** emprunter
**boss** le patron
**both** tous deux *both of you (them)* tous (toutes) les deux
**bother** *(v.)* importuner
**(at the) bottom** en bas
**bowl** (French bowling) jouer aux boules
**box** la caisse
**(square) brackets** les crochets *(m.)*
**branch** la succursale
**breakfast** le petit déjeuner
**brief** bref, brève
**bring** apporter
**broken** cassé
**building** l'édifice *(m.)*, la construction
**business** le commerce, les affaires *(f.)* *do business* faire des affaires *on business* pour affaires *business letter* la lettre d'affaires *business venture* l'affaire *(f.)*
**buy** *(v.)* acheter, se procurer

# C

**calendar** le calendrier
**(be) called** s'appeler
**Canadian** canadien, -ne
**cancel** annuler *cancel an appointment* se décommander
**cancellation** l'annulation *(f.)*
**capital** le capital *(pl. -aux)*
**capital letter** la majuscule
**(take) care of** s'occuper de

**carry** porter
**carry out** effectuer
**(in any) case** d'ailleurs, en tout cas, de toute façon
**(in) case of return** en cas de retour
**cash** *(v.)* toucher
**cash** comptant
**cast** le plâtre
**catalog** le catalogue
**category** la catégorie
**cause** *(v.)* provoquer
**celebrate** célébrer, fêter
**ceremony** la cérémonie
**certificate** le certificat
**change** le changement
**chapter** le chapitre
**(put someone in) charge of** charger quelqu'un de
**charges** les frais *(m.)*
**charming** charmant
**cheap** bon marché
**check** *(Br.* **cheque)** le chèque **checkbook** *(Br.* **chequebook)** le carnet de chèques
**chemist** le/la chimiste
**choose** choisir
**cinema** *(Br.)* le cinéma
**circular** la circulaire
**circumstance** la circonstance
**claim** *(v.)* réclamer
**clear** clair
**climb** escalader
**close** fermer
**coincide** coïncider
**colleague** le collègue
**colon** les deux points
**color** la couleur *in color* en couleur
**combined** combiné
**come back** revenir
**(with modern) comfort** tout confort
**commentary** le commentaire
**commit** commettre
**(in) common** en commun
**company** la compagnie, la société
**compel** forcer
**competitive exam** le concours
**complain about** se plaindre de
**complaint** la plainte, la réclamation

**complete** compléter
**complexion** le teint
**compliment** le compliment
*pay a compliment (about)* faire des compliments (de)
**(be) composed of** se composer de
**compound noun** le nom composé
**compulsory** obligatoire
**conceive** concevoir *(p.p.* conçu)
**concerning** concernant
**(in good) condition** en bon état
**conditional mood** le conditionnel
**confidence** la confiance
**confirm** confirmer
**congratulations** les félicitations *(f.)*
**conjugation** la conjugaison
**constantly** constamment
**constitute** constituer
**consult** consulter
**contact (someone)** prendre contact avec (quelqu'un)
**contain** contenir
**content** le contenu, le fond
**(be) content with** se contenter de
**continue** continuer
**contrary to** contrairement à
**(beyond our) control** indépendant de notre volonté
**(at your) convenience** à votre convenance
**(be) convinced** être persuadé de
**cook** *(v.)* cuisiner
**copy** l'exemplaire *(m.)*
**cordially** cordialement
**corduroy** le velours côtelé
**corporate name** la raison sociale
**corporation** la S.A.R.L. (Société anonyme à responsabilité limitée)
**correct** *(v.)* corriger
**correctly** correctement
**correspond** correspondre
**correspondence** la correspondance
**correspondent** le correspondant
**corresponding** correspondant
**cosmetic** le produit de beauté
**cost** *(v.)* coûter
**cost** le coût
**(at) cost** au prix coûtant

**counter** le rayon de vente
**country home** la maison de campagne, la résidence secondaire
**(take) courses** suivre des cours
**cover** couvrir
**cramped** à l'étroit
**create** créer
**credit** *(v.)* porter au crédit de
**credit card** la carte de crédit
  *credit-card holder* le titulaire
**credit transfer** le virement bancaire
**creep into** se glisser
**cross** *(v.)* barrer
**cross out** biffer
**cure** *(v.)* guérir
**currency** la devise
**customer** le client
**customs office** la douane
**cut** *(v.)* couper

## D

**dare** oser
**dark-haired** brun
**darling** chéri
**dash** le tiret
**date** *(v.)* sortir
**day** la journée, le jour *the whole day* tout la journée *every day* tous les jours
**deal with** traiter avec
**death** le décès
**debit** *(v.)* porter au débit de
**declare one's love** se déclarer
**deep** profond
**deeply** vivement
**defect** le défaut
**degree** le degré *to this degree* à ce point
**delay** *(v.)* retarder
**delay** le délai
**delighted** ravi, enchanté
**deliver** livrer
**delivery** la livraison
**demand** *(v.)* réclamer
**demonstration** la manif (manifestation)
**department head** le chef de service
**departure** le départ
**deposit** *(v.)* déposer

**deposit** les arrhes *(f.)* **put down a deposit** verser des arrhes
**deprive of** priver de
**described** décrit
**deserve** mériter
**devoted** dévoué
**director** le directeur, la directrice
**disappoint** désappointer
**disastrous** désastreux, -se
**discount** l'escompte *(m.)*
**discover** découvrir
**discuss** discuter
**disgusted** dégoûté, écœuré
**dish** le plat *succulent dishes* les bons petits plats
**disoriented** désorienté
**dispatch** *(v.)* expédier
**dispatch** l'expédition *(f.)*
**display** témoigner
**(be at someone's) disposal** se tenir à la disposition de quelqu'un
**(have at one's) disposal** disposer de
**distinguished** distingué
**distress** *(v.)* bouleverser
**(city) district** le quartier
**dock** le dock
**document** la pièce
**doubt** *(v.)* douter
**draw (someone's) attention to** attirer l'attention de (quelqu'un) à
**dream** le rêve
**dress** *(v.)* s'habiller
**dues** la cotisation
**duly** dûment
**duration** la durée
**during** en cours de, dans le courant de
**duty** les obligations *(f.)*

## E

**each one** chacun, -e
**earn** gagner
**east** l'est *(m.)*
**Easter** Pâques *(f. pl.)*
**effect** l'effet *(m.)*
**either** non plus *either . . . or* ou bien . . . ou bien, soit . . . soit

**eldest** aîné
**elsewhere** ailleurs
**embarrass** embarrasser
**embassy** l'ambassade *(f.)*
**embellished** embelli
**employee** l'employé, -e
**employer** l'employeur *(m.)*
**employment** l'emploi *(m.)*
**empty** vide
**enclosed** ci-inclus, ci-joint
**end** *(v.)* se terminer
**end** la fin
**endeavor to** s'efforcer de
**(get) engaged** se fiancer
**English** anglais
**enjoy** se plaire *enjoy oneself*
   s'amuser
**enough** assez
**ensue** s'ensuivre
**enter (a sum of money)** faire
   porter (une somme d'argent)
**entertain** distraire, recevoir *(p.p.*
   *reçu)*
**entry** (bookkeeping) la
   passation
**envelope** l'enveloppe *(f.)*
**equal** égal *equally*
   également
**equipped** équipé
**error** l'erreur *(f.)*
**escape from** s'évader de
**especially** particulièrement
**establish** établir *established*
   établi
**establishment** l'établissement
   *(m.)*
**etiquette** (rules of behavior)
   l'étiquette
**everyday** usuel, -le
**everyone** tout le monde, tous
**examine** examiner
**(for) example** par exemple
**except for** à l'exception de
**except that** sauf que
**exclamation point** *(Br.*
   **exclamation mark**) le point
   d'exclamation
**exclusively** exclusivement
**excuse oneself** s'excuser
**exercise** l'exercice *(m.)*
**exerpt** l'extrait *(m.)*

**exhausted** épuisé
**expect** attendre *expect*
   *(something)* s'attendre à
   (quelque chose)
**expire** expirer
**explain** expliquer
**express** *(v.)* exprimer
   *expressing* exprimant
**extravagance** les folies *(f.)*
**eyebrow** le sourcil


**F**

**fact** le fait
**factory** l'usine *(f.)*
**faculty** (part of a university) la
   fac (faculté)
**fair** la foire
**fair** juste
**faithful** fidèle
**(do someone a) favor** rendre
   service à quelqu'un
**favorite** préféré
**feel** ressentir *feel fine* se porter
   bien *feel relieved* se sentir
   soulagé *feel well* se sentir
**feeling** le sentiment
**fight** *(v.)* combattre
**file** le fichier
**filled** rempli
**financial** financier, -ère
**find again** retrouver
**find a way** s'arranger
**find oneself** se trouver
**finish** finir, terminer, achever
**firm** l'entreprise *(f.)*, la société
**first** d'abord
**(go) fishing** aller à la pêche, aller
   pêcher
**fluent** courant
**follow** suivre, s'ensuivre
   *follow up* faire suite à,
   donner suite à
**following** suivant, comme suite
   à, ci-après
**food** la nourriture
**for** depuis
**foreign** étranger, -ère *in a*
   *foreign country* à l'étranger

**Foreign Exchange Market** le marché des changes
**foresee** prévoir *(p.p.* prévu)
**forest** la forêt
**forever** éternellement
**forgetting** l'oubli *(m.)*
**forgive** pardonner
**form** le formulaire
**formal** formel, -le
**former** ancien, -ne
**forward** faire suivre
**founded** fondé
**free** libre
**free of charge** à titre gratuit
**freight** le frêt, le chargement
**French** français
**freshness** la fraîcheur
**friend** l'ami, -e
**friendly** amical *(pl.* -aux) **In a friendly way** amicalement
**friendship** l'amitié *(f.)*
**full-time** à plein temps
**(have) fun** s'amuser
**furious** furieux, -se
**furnish** fournir
**furnished** meublé
**furthermore** par ailleurs
**future** l'avenir *(m.)* **In the future** dans l'avenir **In the near future** prochainement
**future tense** le futur

### G

**garden** le jardin
**(do) gardening** faire du jardinage
**(of a) general nature** d'ordre général
**Gentlemen** Messieurs
**get along** s'entendre
**glad** content
**gift** le don, le cadeau
**give back** rendre
**go** aller **go ahead!** vas-y!
**go back (to)** retourner
**(à) go back home** rentrer **go to** se rendre à
**godfather** le parrain
**(made of) gold** en or
**(be) good enough to** daigner
**good breeding** le savoir-vivre

**grade** la note
**grammar** la grammaire
**grandchild** le petit-enfant
**granddaughter** la petite-fille
**grandfather** le grand-père
**grandmother** la grand-mère
**grant** *(v.)* accorder **grant a request** accéder à une demande
**grass** l'herbe *(f.)*
**grateful** reconnaissant **be grateful for** être reconnaissant de
**great-grandmother** l'arrière-grand-mère *(f.)*
**greatly** vivement
**greeting** (at the beginning of a letter) l'appel *(m.)*
**grief** le chagrin
**grow up** grandir
**guest** l'invité, -e
**guest house** la pension de famille

### H

**habit** l'habitude
**handwriting** l'écriture *(f.)*
**handwritten** manuscrit
**happen** se passer **It happens** il arrive **It happens that** il se trouve que
**happiness** le bonheur
**(be) happy to** se faire un plaisir de
**harbor** le port
**hardworking** travailleur, -se
**hasten to** s'empresser de
**(to) have just** venir de
**hear it said that** entendre dire que
**help** *(v.)* aider
**(be of) help** rendre (le) service
**help-wanted ad** l'offre *(f.)* d'emploi
**health** la santé
**(with all my) heart** de tout cœur
**heart-to-heart** à cœur ouvert
**hearty** chaleureux, -se
**heating** le chauffage
**herewith** sous ce pli
**higher** supérieur
**highlight** mettre en valeur
**(public) high school** le lycée

**hike** l'excursion *(f.)*
**hinder (something)** faire obstacle à (quelque chose)
**hitch** l'empêchement *(m.)*, le contretemps
**hold** tenir, détenir
**(get) hold of** se procurer
**holiday** la fête
**(at) home** à la maison
**homework** le devoir
**honest** probe
**honor** *(v.)* honorer
**(have the) honor to** avoir l'honneur de
**hope** *(v.)* espérer
**(in the) hope (that)(of)** dans l'espoir (que)(de)
**hospital** l'hôpital *(m.)*
**hour** l'heure *(f.)*
**housework** les travaux ménagers
**how** comment
**however** pourtant, cependant
**hurry** se presser
**hurt (someone)** faire de la peine à (quelqu'un)
**husband** le mari
**hyphen** le trait d'union

**instantly** instamment
**insurance** assurance *(f.)*
   *Insurance policy* la police d'assurance
**intend to** avoir l'intention de
   *Intend to do* entendre faire
**(in) intention** d'intention
**interest rate** le taux d'intérêt
**(through the) intermediary of** par l'intermédiaire *(m.)* de
**interval** l'intervalle *(m.)*
**interview** l'entrevue *(f.)*
**intimacy** l'intimité *(f.)*
**introduce oneself** se présenter
**introduction** l'entrée *(f.)* en matière
**irritated** énervé
**issue** *(v.)* délivrer
**item** l'article *(m.)*

## J

**job** l'emploi *(m.)*, la situation
**(go) jogging** faire du footing
**join with** s'unir à
**join (someone)** se joindre à (quelqu'un)

## I

**immediately** immédiatement
**imperfect tense** l'imparfait *(m.)*
**include** inclure, comprendre
   *Included* compris *Including* y compris *not Included* non compris
**inconvenience** l'inconvénient *(m.)*
**indeed** en effet
**indicate** Indiquer
**industry** l'industrie *(f.)*
**inform** renseigner, informer, communiquer
**informal** familier, -ère
**information** le renseignement, l'indication *(f.)*
**initial** l'initiale *(f.)*
**ink** l'encre *(f.)*
**inquire** faire des recherches
**inquiry** l'enquête *(f.)*
**insensitive** insensible
**insert** insérer

## K

**keep** garder, maintenir
**kind** le genre
**kindness** la bonté, la bienveillance
**(be so) kind as to** faire la faveur de
**kiss** *(v.)* embrasser
**kiss** le baiser
**kitchen** la cuisine
**know** connaître *know one another* se connaître
**knowledge** la connaissance

## L

**laboratory** le laboratoire
**last** *(v.)* durer
**later** plus tard
**learned** savant
**lease** le bail
**least** moindre *at least* au moins
**leave** *(v.)* laisser, quitter

**(on the) left** à gauche
**legible** lisible
**leisure time** le loisir
**lend** prêter
**length** la longueur
**lesson** (oral homework) la leçon
**let (someone) know** faire savoir à
  (quelqu'un), prévenir (quelqu'un)
**letter ending** la formule de politesse
**letterhead** l'en-tête *(m.)*
**level** le niveau
**library** la bibliothèque
**license plate** la plaque
  d'immatriculation
**light** léger, -ère
**likable** sympathique
**like** *(v.)* aimer, se plaire *I would
  like* j'aimerais
**limited liability company** *(Br.)*
  la S.A.R.L. (Société anonyme à
  responsabilité limitée)
**line** la ligne
**lipstick** le rouge à lèvres
**loan** le prêt
**(be) located** se trouver
**look forward** se faire une fête de
  *looking forward to* dans
  l'attente de
**love** *(v.)* aimer
**low** bas
**luck** la chance
**lunch** *(v.)* déjeuner

**M**

**Madam** Madame
**maid** la femme de ménage
**mail** *(v.)* mettre à la poste
**mail** le courrier
**maintain** maintenir
**make overtures to** faire des
  avances à
**make-up** le maquillage *put on
  make-up* se maquiller
**manage** gérer
**management** la gestion
**manner** la façon, la manière
**manufacturing** la fabrication
**many** beaucoup de, bien des
**margin** la marge
**market** le marché
**married** marié
**(no) matter how . . . it is** si . . . qu'il
  (elle) soit

**(to be a) matter of** s'agir de
**mayor** le maire
**meal** le repas
**meaning** le sens
**means** le moyen
**meanwhile** en attendant
**medicine** le médicament
**meet** rencontrer *go meet (someone)*
  aller chercher (quelqu'un)
**member** le/la sociétaire
**merchandise** la marchandise
**merry** joyeux, -se
**meter** le mètre
**microcomputer** le microordinateur
**middle** le milieu
**minimal** minime
**minister** le ministre (government);
  le pasteur (religion)
**misplaced** égaré
**Miss** Mademoiselle
**miss (someone)** *(v.)* manquer à
  (quelqu'un)
**missing** manquant *(be) missing*
  manquer
**mistake** la faute, l'erreur *(f.)* *by
  mistake* par erreur
**model** le modèle
**Mom** *(Br.* **Mum***)* Maman
**(at that) moment** à ce moment-là
**money** l'argent *(m.)* *without
  money* démuni
**Monsignor** Monseigneur
**(by the) month** au mois
**(of this) month** courant (in business
  letters)
**moreover** du reste
**morning** la matinée *during the
  morning* dans la matinée
**move** *(v.)* déménager
**move around** se déplacer
**movie theater** le cinéma
**museum** le musée
**must** devoir

**N**

**name** (of a person at the beginning
  of a letter) l'appel *(m.)*
**narrow** étroit
**naturally** naturellement
**near** près de
**(if) need be** au besoin
**neither . . . nor** ni . . . ni
**news** les nouvelles *(f.)*

next prochain
nice sympathique, gentil, -le
nicely gentiment
north le nord
nothing to do with rien à voir avec
notice (v.) remarquer, noter
notice l'avis (m.)
noun le nom
novel le roman
(from) now on désormais
numbered numéroté
numeral le chiffre
numerous nombreux, -se

## O

(be most) obligated to (someone)
    être obligé à (quelqu'un)
(feel) obligated to se voir dans
    l'obligation de
observe observer
obtain obtenir
occupy occuper
offer (v.) offrir (p.p. offert)
offer of service l'offre (f.) de
    service
officer l'officier (m.)
O.K. d'accord
(be) . . . years old avoir . . . ans
once une fois
oneself soi-même
opening l'ouverture (f.)
operation le fonctionnement
order (v.) commander
order l'ordre (m.) order form le bon
    de commande, le bulletin de
    commande place an order passer
    une commande
overjoyed comblé
overseas outre-mer
owe devoir

## P

package le paquet
paid off acquitté
painful pénible
paint (v.) peindre
pal (male friend) le copain pal
    (female friend) la copine
paper le papier carbon paper
    le papier carbone onion-skin
    paper le papier pelure writing
    paper le papier à lettres

parenthesis la parenthèse
part la partie be part of faire
    partie de
part-time à mi-temps
pass through passer par
(in the) past par le passé
patronage la clientèle
pay (v.) régler
payment le règlement, le paiement,
    le versement make a payment
    effectuer un paiement
pen point la plume
people les gens (m.)
perfect (v.) parfaire
perhaps peut-être
period le point (punctuation)
period of time la période, la durée
per night la nuit
(in) person de vive voix
personal personnel, -le
    personal letter lettre personnelle
personally personnellement
per year par an
pharmaceutical pharmaceutique
photocopy la photocopie
photograph la photo
phrase la locution
pick up retirer
picnic le pique-nique
place l'endroit (m.)
(be) placed se placer
plan (v.) projeter, prévoir (p.p. prévu)
play (v.) jouer play tennis jouer
    au tennis
playful enjoué
pleasant agréable
please faire plaisir
please veuillez (from vouloir), je
    vous prie de; je vous en prie
(be) pleased to avoir plaisir à
    be very pleased with se
    féliciter de
(have the) pleasure to avoir la joie de
pluck one's hair s'épiler
point out faire remarquer, signaler,
    constater
political science les sciences (f.)
    politiques
politics la politique
Pope le pape
position le poste
postage due port dû
postage paid port payé
post office la poste
post office box la boîte postale (B.P.)

**post office check** *(Br.*
  **cheque)* le chèque postal
**postscript** le post-scriptum (P.S.)
**power** la puissance
**practice** la pratique
**preceding** précédent
**precious** précieux, -se
**prefer** préférer
**preferably** de préférence
**(according to your) preference** à
  votre convenance
**preliminary** préalable
**present** *(v.)* présenter *to be
  presented*
  à présenter
**present** actuel, -le *at present*
  actuellement
**present tense** le présent
**President and Chairman of the
  Board** le Président-Directeur
  Général (P.-D.G.)
**preterite** le passé simple
**previous** ancien, -ne, précédent
**previously** précédemment,
  auparavant
**price** le prix
**probably** sans doute
**problem** le problème
**proceed** procéder
**(in the) process of** en cours de
**product** le produit
**professional** professionel, -le
**professor** le professeur
**profound** vif, vive
**project** le projet
**promise** *(v.)* promettre *(p.p.*
  promis)
**promote** promouvoir *(p.p.* promu)
**promotion** l'avancement *(m.)*
**proper noun** le nom propre
**proposal** la proposition
**public company** *(Br.)* la
  S.A. (Société anonyme)
**published** paru
**punctuation** la ponctuation
**put (something) on** se mettre
  (quelque chose)

## Q

**quality** la qualité
**question mark** le point
  d'interrogation

**quiet** tranquille
**quotation** la citation
**quotation marks** les guillemets
**quoted** cité

## R

**railroad station** la gare
**rarely** rarement
**rate** le tarif
**read** prendre connaissance de
**reader** le lecteur
**real** réel, -le
**real estate** l'immobilier *(m.)*
**realize** se rendre compte
**really** vraiment, véritablement, tout
  de même
**ream of paper** la rame de papier
**reason** la raison
**receipt** la quittance *upon receipt of*
  au reçu de
**receive** recevoir *(p.p.* reçu)
**recently** récemment
**reception** l'accueil *(m.)*
**recognize** reconnaître
**recommend** recommander
**recovered** remis
**recovery** le rétablissement
**rectify** rectifier
**redemption** le retrait
**reduce** réduire
**reference** la référence
**refer to** se référer à
**refined** fin
**refusal** le refus
**regards** le compliment, le souvenir
**registered mail** en recommandé
**registration** l'inscription *(f.)*
**regret** *(v.)* avoir le regret de,
  regretter *regret to have to* être au
  regret de
**reimburse** rembourser
**rejoice in** se réjouir de
**relative to** relatif, -ve à
**remain** rester
**remaining** le reste, restant
**remark** *(v.)* remarquer
**remark** la remarque
**remember** se rappeler
**remembrance** le souvenir
**remind** rappeler
**reminder** la lettre de rappel

**renew** renouveler
**renewal** le renouvellement
**renovated** refait neuf
**rent** *(v.)* louer
**rent** le loyer
**renting** la location
**repair** *(v.)* remettre en état
**repair** la réparation
**repeat** répéter
**reply coupon** le coupon-réponse
**(in) reply to** en réponse à
**request** *(v.)* demander
**request** la demande
**research department** le service
  d'études
**researcher** le chercheur
**resemble** ressembler à
**reserve** retenir
**(make) reservations** réserver
**(without) reservation** sans réserve
**residence permit** le permis de séjour
**residing** domicilié
**respect** la considération *pay one's*
  *respects* présenter ses hommages
  *(m.)*
**respectful** respectueux, -se
**respectively** respectivement
**(be the) responsibility of** incomber à
**restock** réapprovisionner
**résumé** le curriculum vitae
**retailed** débité
**retained** retenu
**return** retourner à
**return mail** par retour du courrier
**reunited** réuni
**(on the) right** à droite
**risk** *(v.)* risquer
**river** la rivière
**rock** le rocher
**room** la pièce
**round** la tournée
**rule** la règle


## S

**sadden** attrister
**saddened** attristé
**safe** en sécurité
**(expected) salary** les prétentions *(f.)*
**sales department** le service des
  ventes
**sales office** le bureau de vente

**(just the) same** quand même
**sample** l'échantillon *(m.)*
**satisfy** satisfaire
**say again** redire
**scenery** le décor
**seamstress** la couturière
**search for** rechercher
**season** la saison
**secretive** cachottier, -ère
**see again** revoir
**seem** paraître *(p.p. paru)*
**seize** saisir
**self-addressed** libellé à vos nom et
  adresse
**sell** vendre, céder
**semicolon** le point-virgule
**send** envoyer, faire parvenir,
  adresser, expédier
**send back** renvoyer, retourner
**sender** l'expéditeur *(m.)*
**senior executive** le cadre supérieur
**sensitive** sensible
**sensitivity** la sensibilité
**separately** séparément
**service** le service
**settlement** le règlement *in settlement*
  *of* en règlement de
**(in bad) shape** en mauvais état
**share** *(v.)* partager
**sheet** la feuille
**shipment** l'envoi *(m.)*
**shipping** l'expédition *(f.)*
**shipping company** la compagnie de
  navigation
**shock** le coup
**shoe** la chaussure, le soulier
**shop** *(Br.)* le magasin
**(go) shopping** faire des courses
**short** court *short of cash* à court
  d'argent
**show** *(v.)* montrer, témoigner
**shower** la douche
**side** le côté *on the other side* d'un
  autre côté
**sign** *(v.)* signer
**signatory** le signataire
**signature** la signature
**similar** pareil, -le
**since** depuis
**sincerely** sincèrement
**single** célibataire
**Sir** Monsieur
**situated** situé

**situation-wanted ad** la demande
  d'emploi
**sleep in** coucher
**sleeping bag** le sac de couchage
**smashed** écrasé
**so** alors
**software** (computers) le logiciel
**some** certain
**some of them** quelques-uns (-unes)
**someone else** quelqu'un d'autre
**so much** tant de
**soon** bientôt
**sorry** désolé
**so that** pour que
**south** le sud
**space** l'espace *(m.)*
**Spanish** espagnol
**specify** préciser
**speech** le discours
**spelled out** en toutes lettres
**spelling** l'orthographe *(f.)*
**spend** (money) dépenser
**spend** (time) passer
**spirit** l'esprit *(m.)*
**spoil** gâcher
**(on the) spot** sur place
**spouse** l'époux, l'épouse
**(public) square** la place
**stamp** le timbre
**stamped** timbré
**starting with** à partir de
**state** *(v.)* déclarer
**state** l'état *(m.)*
**stationery** le papier à lettres
**stop** *(v.)* arrêter
**store** le magasin
**straighten out** régulariser
**strike** *(v.)* frapper
**strike** la grève
**study** *(v.)* étudier, faire des études
**study** l'étude *(f.)*
**(be the) subject of** faire l'objet de
**subjunctive mood** le subjonctif
**surburban house** le pavillon
**(in the) suburbs** en banlieue
**subway** le métro
**succeed** réussir
**success** le succès
**succession** la suite
**successor** le successeur
**such as** tel, -le que
**suffer** souffrir
**sufficient** suffisant *It is sufficient*
  il suffit

**suggest** indiquer
**(be) suitable to** convenir à
**sum** la somme
**support** *(v.)* adhérer
**(be) sure to** ne pas manquer de
**surround** entourer
**suspect (something)** se douter de
  (quelque chose)
**suspension points** les points de
  suspension
**swimming** la natation
**swimming pool** la piscine
**syllable** la syllabe
**sympathy** la sympathie


## T

**take after** tenir de
**take back** reprendre *(p.p. repris)*
**take on** assumer
**take out** emporter
**take pictures** prendre des photos
**take place** avoir lieu, se passer
**take (someone somewhere)**
  emmener (quelqu'un quelque
  part)
**taste** le goût
**teacher** le professeur
**technical** technique
**technician** le technicien
**telegram** le télégramme
**telegraphic** télégraphique
**telephone call** le coup de fil, le coup
  de téléphone
**television** la télé
**tell** raconter
**terminate** se terminer
**termination** la résiliation
**thank** remercier
**thanks** les remerciements *(m.)*
**thank-you letter** la lettre de
  remerciement
**that is to say** c'est-à-dire
**that which** ce qui, ce que
**theater** le théâtre
**then** ensuite, alors
**therefore** par conséquent, aussi
**these, those** (pronouns) ceux, celles
**this one** celui-ci, celle-ci
**thought** la pensée
**thoughtless** léger, -ère
**thus** donc, ainsi
**(floor) tile** le carreau

**time** le temps *a long time*
longtemps *from time to time* de
temps en temps *in good time* en
temps utile *in a short
time* sous peu *this time* cette
fois-ci
**time limit** le délai
**title** le titre
**together** ensemble
**tomorrow** demain *by tomorrow* dès
demain
**(at the) top** en haut
**total amount** le montant
**tourist** touristique
**toward** envers, vers
**trade** le commerce
**training** la formation *training period*
le stage
**transfer** *(v.)* céder, virer
**transfer** l'ordre *(m.)* de virement, la
cession
**translation** la traduction
**traveling salesperson** le
représentant, la représentante
**transmit** transmettre
**transportation** le transport
**treasurer** le trésorier
**true** vrai
**TV set** le poste de télévision
**twice** deux fois
**twin** le jumeau, la jumelle
**(of the) type** du genre
**typewrite** taper à la machine
**typewriter** la machine à écrire

**U**

**unchanged** inchangé
**underground** *(Br.)* le métro
**unemployment** le chômage
**unfortunate** malencontreux, -se
**unfortunately** malheureusement
**unite** s'unir à

**United States** les Etats-Unis *(m.)*
**up to** jusqu'à
**urgently** d'urgence
**usage** l'emploi *(m.)*
**use** *(v.)* employer, utiliser *to be used*
s'employer
**use** l'emploi *(m.)* l'utilisation *(f.)*
**useful** utile *be useful to* servir
**usual** habituel *as usual* comme
d'habitude
**usually** comme d'habitude

**V**

**vacate** libérer
**vacation** les vacances *(f.)* *summer
vacation* les grandes vacances
**vary** varier
**verb** le verbe
**view** la vue *have a view on* donner
sur
**vicinity** les environs *(m.)*
**visit** la visite, le passage *pay a visit*
rendre visite
**vocabulary** le vocabulaire
**vowel** la voyelle

**W**

**wait** *(v.)* attendre
**waiting** l'attente *(f.)*
**walk** la promenade, la balade *take
a walk* se promener
**want** vouloir, désirer *want to* avoir
envie de
**warehouse** le dock, l'entrepôt *(m.)*
**(by) way of** à titre de
**wear** porter, se mettre
**weather** le temps *good weather* le
beau temps
**wedding** le mariage *wedding
anniversary* l'anniversaire *(m.)*
de mariage

**(by the) week** à la semaine
**welcome** l'accueil *(m.)*
**(be) well** se porter bien, porte-toi
  bien!
**west** l'ouest *(m.)*
**what** ce qui, ce que
**whatever** quelque soit
**(of) which** dont
**while** tout en
**whole** entier, -ère
**wish** *(v.)* souhaiter
**wish** le vœu *(pl.* vœux)
**wit** l'esprit *(m.)*
**withdrawal** le retrait
**witness** le témoin
**work** le travail
**worker** l'ouvrier, -ère

**worldwide** mondial
**worry (about)** s'inquiéter (de)
**write** écrire, correspondre


# Y

**year** l'an *(m.)*, l'année *(f.) New Year*
  le Nouvel An
**yearly** annuel, -le
**youth** la jeunesse


# Z

**zip code** le code postal